W0272499

FARBENKODIERUNG

AUSSENANSICHTEN

PATIO DE LOS NARANJOS

DIE GIRALDA

NORDKAPELLEN

WESTKAPELLEN

SÜDKAPELLEN

OSTKAPELLEN

EINE KATHEDRALE IN DER KATHEDRALE

1 Der Patio de los Naranjos
2 Die Giralda

NORDKAPELLEN
3 Pilar-Kapelle
4 Evangelisten-Kapelle
5 Verkündigungskapelle
6 Empfängnisportal
7 St.-Franziskus-Kapelle
8 Apostel-Jakob-Kapelle
9 Scalas-Kapelle
10 St.-Antonius-Kapelle oder Baptisterium
11 Sakramentsportal

WESTKAPELLEN
12 Kapelle der Schmerzensreichen
13 Taufportal
14 St.-Leander-Kapelle
15 Maria-Himmelfahrts-Portal
16 St.-Isidor-Kapelle
17 Weihnachtsportal

SÜDKAPELLEN
18 St.-Laureano-Kapelle
19 Kapelle des Christus von Maracaibo
20 St.-Josefs-Kapelle
21 St.-Hermenegild-Kapelle
22 Kapelle der Virgen de la Antigua: Kapelle der Hispanidad oder der Virgen del Descubrimiento
23 Prinzenportal
24 Kolumbusdenkmal
25 Schmerzenskapelle
26 Sakristei der Kelche
27 St.-Andreas-Kapelle
28 Hauptsakristei und Kapitelräume
29 Hof der Öle
30 Hof des Domkapitels oder des Marschalls
31 Kapitelvorsaal
32 Kapitelsaal
33 Ehemalige Zahlmeisterei
34 Kapelle des Marschalls

OSTKAPELLEN
35 Glöckchenportal
36 Kapelle der Großen Unbefleckten Empfängnis
37 Königskapelle: Marienallerheiligstes der Stadt
38 St.-Petrus-Kapelle
39 Palos-Portal

EINE KATHEDRALE IN DER KATHEDRALE:
40 Altarraum
41 Chor
42 Kapelle der Unbefleckten Empfängnis
43 Kapelle „de la Encarnación"
44 Retrochor
45 Kapelle der Madonna mit dem Stern
46 St.-Gregor-Kapelle
47 Verzeihungsportal

Geschenkboutique

BESUCHSFÜHRER

KATHEDRALE
VON
SEVILLA

Juan Guillén Torralba

Depósito Legal: M-26958-1999

I.S.B.N.: 84-8003-145-X

Allgemeine Koordination: Aldeasa

Design: Aldeasa

Layout: Myriam López Consalvi

Photographien: Covadonga de Noriega, Aldeasa, Oronoz

Phototechnik: Lucam

Übersetzung: Susanne M. J. Hess

Umschlagillustration: Außenansicht der Kathedrale von Sevilla. © Oronoz.

Gedruckt in Spanien von: Estudios Gráficos Europeos

(Printed in Spain)

INHALT

„Laßt uns eine Kirche bauen, so groß, daß jene, welche sie vollendet sehen, uns für von Sinnen halten."

Die Kathedrale von Sevilla, ein von Wahnsinnigen geplantes und von Titanen ausgeführtes Werk, ist eine Kirche für den Betenden, ein Museum für den Künstler, ein Archiv für den Forscher und eine Bibliothek für den Wissensdurstigen. Bilder, Skulpturen, Goldschmiedearbeiten und Stoffe, Dokumente und Bücher machen sie zu einem künstlerisch-dokumentalen Komplex ersten Ranges. Christentum und Islam verschmelzen hier auf gelungene Weise in einer unwiederholbaren Sinfonie aus einzigartigen Schmuckstücken der Gotik und der Renaissance, des plateresken Stils und des Barock. Mit ihrem Glockenturm „Giralda" ist die Kathedrale die Synthese Sevillas, Anziehungspunkt und Aushängeschild der Stadt.

DIE UMGEBUNG

„Cuartel A. Barrio 1. Manzana 13" (Distrikt A, Stadtviertel 1, Block 13); diesen Standort gibt ein Stein in der Hauptfassade an. Die Kathedrale – Kirche

Unten: Luftbild der Kathedrale. Linke Seite: Die Giralda zwischen Fialen.

Laterne auf der Kuppel der Hauptsakristei.

Außenansicht der Strebepfeiler, -bögen und Balustraden. Rechte Seite: Die Giralda hinter dem Strebewerk der Kathedrale.

und Nebenbauten – ist ein enormer, freistehender Block, begrenzt durch die Aufgangsstufen und die 157 miteinander verbundenen Pfeiler, die auf derselben Linie verlaufen wie der Grundriß der großen Moschee, obwohl christliche Baumeister später versuchten, diesen noch zu übertreffen. In Ostwestrichtung mißt die Kirche innen 130,90m und außen 140,50m; in Nordsüdrichtung 140,70 bzw. 161,30m. Die Gesamtfläche erstreckt sich über mehr als 14.500m2. Sie ist in fünf Langschiffe und neun Querschiffe gegliedert, mit zwei zusätzlichen Kapellen. Die Breitenmaße schwanken zwischen 10 und 16m. 70 gotische Gewölbe, gestützt durch die Mauern der Seitenkapellen und 32 enorme freistehende achteckige Pfeiler, überdecken den Raum. Die Moschee hatte siebzehn Schiffe, unterteilt in je elf Abschnitte, und etwa 160 Pfeiler. Die Höhenmaße sind wohlproportioniert: Haupt- und Kreuzschiff sind 35,50m hoch, das Kuppelgewölbe 39m, die Seitenschiffe 24m und die Kapellen 12,75m. Die Struktur ist daher rechteckig, wie die der ehemaligen Moschee. Mit der abgeflachten Apsis und den kaum überstehenden Armen des Kreuzschiffes, das zusammen mit dem Mittelschiff ein lateinisches Kreuz in der Art der für die deutsche Gotik typischen Hallenkirche darstellt, wird sie als die nordischste Kathedrale Spaniens angesehen. Zusammen mit den ergänzenden Nebengebäuden ergibt sich ein Block von 173,05 x 148,80m mit einer Fläche von 23.475m^2. Es handelt sich um die größte gotische Kathedrale und, von den Maßen her, weltweit die drittgrößte Kirche, nur noch übertroffen von dem St.-Petersdom in Rom und St. Paul in London. Im Guinness-Buch der Rekorde wird sie als diejenige mit der weltweit größten Fläche ausgewiesen: 126,18m lang, 82,60m breit und 30,48m hoch. Von der UNESCO wurde sie 1987 zum Kulturerbe der Menschheit erklärt. Diese „Magna Hispalensis", die „Nobilis Burgensis" (Kathedrale von Burgos), die „Pulchra Leonina" (León) und die „Dives Toletana" (Toledo) sind erhabene Zeugnisse der Gotik in Spanien.

GESCHICHTE

Die Kathedrale von Sevilla steht auf den Grundmauern der großartigen almohadischen Moschee, die der Kalif Abu Yacub Yusuf (1172-1182) hatte erbauen lassen; Reste dieser Moschee sind im Patio de los Naranjos zu erkennen, ebenso an einigen Außenportalen, von denen zwei heute noch genutzt werden können: das Verzeihungsportal und das Echsenportal. Nach der Reconquista (Wiedereroberung Sevillas aus der Maurenherrschaft), wurde die Moschee zur Kathedrale geweiht und dem Christenkult angepaßt (Dezember 1248). Dabei blieb es, bis die Domherren, da Sevilla keinen Erzbischof hatte, am 8. Juli 1401 einen Entschluß faßten, der so widersinnig aber auch so genial war, daß er nur durch die sevillanische Sommerhitze inspiriert sein konnte.

> Leer steht die Kirche (...), und hier sind der Dekan, die Domherren, Hochwürden, Pfründer und Kameraden, die sagten, daß der Kirche von Sevilla jeden Tag der Untergang droht (...), und daß eine andere Kirche gebaut werden solle, derart und so gut, daß ihr keine andere gleichkomme, und daß dabei der Größe und dem Ansehen von Sevilla und seiner Kirche Rechnung getragen werden solle, wie es ansteht; und wenn die Gelder für das Werk nicht ausreichten, so sagten sie alle, daß doch von dem

Taufportal.

Einkommen eines jeden von ihnen soviel genommen werden solle, damit es ausreiche; und daß sie es im Dienste Gottes gäben; und sie sandten es zur Unterzeichnung durch zwei Domherren.

Der Volksmund faßte diese Entscheidung so zusammen: „Laßt uns eine Kirche bauen, so grandios, daß jene, welche sie vollendet sehen, uns für von Sinnen halten." Jene Kirchenmänner taten ihrem Wort alle Ehre an und erlebten beinahe noch die Vollendung der Kathedrale. 1408 wurde mit dem Werk begonnen, und nach knapp siebzig Jahren war die Kathedrale eine Tatsache. Obwohl viele daran mitgewirkt haben, weist sie doch eine großartige Einheit auf; denn es wurde sehr schnell gearbeitet. Wir wissen nicht, wer die Pläne angefertigt hat, aber von den Schöpfern der ersten Stunde sind Alonso Martínez und Pedro García bekannt sowie landfremde Künstler, wie Isambret, Carlín und Juan Norman. Juan de Hoces war leitender Baumeister von 1478 bis 1496. Simon von Köln mag das Kuppelgewölbe gebaut haben (das von ihm in der Kathedrale von Burgos geschaffene ist eingestürzt, 1495-1498); andere schreiben es Alonso Rodríguez zu (1496-1513). Das gotische Werk wurde von Juan Gil de Hontañón (1513-1519) vollendet, am 10. Oktober 1506 der letzte Stein gesetzt, und am 11. März 1507 erklärte man die Kathedrale für vollendet. Im Dezember 1511 stürzte das Kuppelgewölbe ein. Seine Rekonstruktion erfolgte im Stil der Renaissance. Es arbeiteten daran bekannte Meister, wie Diego de Riaño (1528-1534), Martín de Gaínza (1534-1556), Hernán Ruiz el Mozo (1557-1569), Pedro Díaz Palacios (1569-1574), Juan de Maeda (1574-1576) und Asensio de Maeda (1576-1602). Das Ergebnis ihrer Inspiration kündet von ihrem Können.

St.-Michaels-Portal oder Weihnachtsportal.

AUSSENANSICHTEN

Hauptfassade. Sie blickt auf die Avenida de la Constitución, die weltbürgerlichste Straße Sevillas. Andeutungsweise läßt sie die innere fünfschiffige Struktur mit den Seitenkapellen erkennen, und gut sichtbar sind die stützenden Strebepfeiler. Von hier aus führen drei Portale ins Innere: das St.-Michaels-, das Maria-Himmelfahrts- und das Taufportal. Die beiden seitlichen sind die ältesten (Meister Carlín, XV. Jh.). Ihre Tympana tragen Reliefszenen, die *Geburt Jesu* im Michaelsportal, die *Taufe Jesu* im Taufportal, und im mittleren, *Mariä Himmelfahrt*. Die ältesten Skulpturen (Mercadente de Bretaña und Pedro Millán, XV. Jh.) sind aus gebranntem Ton – vergessen wir nicht, daß Sevilla das Land der Töpfer ist – und waren bunt bemalt. Durch ihre Farben hatten sie die Portale verschönert; heute sind sie allerdings einfarbig. Obwohl das Hauptportal aus dem vergangenen Jahrhundert stammt (Entwurf von Fernando Rosales und Dekoration von Ricardo Bellver), steht es nicht im Mißverhältnis zur Gesamtheit.

Fassade zur calle Alemanes. Die Mauer, mit Zinnen und Stützen, verrät almohadischen Ursprung. Ein anderes Zeugnis aus dieser Zeit ist das Verzeihungsportal, der wichtigste Zugang zum „Sahn" oder dem Patio de las Abluciones (Innenhof der rituellen Waschungen). Es führte in Nordsüdrichtung zum Haupteingang der Moschee. Dieses Portal behielt trotz daran vorgenommener Veränderungen seinen islamischen Charme bei; die beiden

Verzeihungsportal von außen und Cristo del Perdón.

Nach der Eroberung Sevillas 1248, durch Fernando III., wurde die Hauptmoschee zur Kathedrale geweiht und der Jungfrau Maria gewidmet. Bis zum XV. Jh. behielt sie ihre ursprüngliche Form bei. Dann ordnete das Kapitel ihren Abbruch an, um die heutige Kathedrale bauen zu lassen. Dabei blieben almohadische Elemente erhalten, wie das Verzeihungsportal, früher der Hauptzugang zur Moschee.

Flügel aus mit Bronze verkleidetem Zedernholz sind Originalstücke. Sie sind 9 x 2m groß und mit Pflanzenmotiven und kufischen Lettern dekoriert; die Türklopfer sind Nachbildungen der in der Kathedrale ausgestellten Originale. Sie haben die Form einer almohadischen Hand, die mit bronzenen Inschriften aus dem Koran bestickt zu sein scheint. Das Metall wurde kunsthandwerklich

Ganz oben und rechts: Maria-Himmelfahrts-Portal. Oben: Glöckchenportal. Rechte Seite: Westfassade.

ziseliert. Auf beiden Seiten des Portals stehen zwei enorme Terrakotta-Skulpturen: Der *hl. Petrus* und der *hl. Paulus*, darüber eine Verkündigungsgruppe: *Der Engel und Maria*; und weiter oben ein Relief: *Die Austreibung der Kaufleute aus dem Tempel* (Miguel Florentín, 1519-1522). In der Eingangshalle sehen wir ein kleines Retabel, mit einem Ecce Homo, dem

Oben: Einzug Jesu in Jerusalem, *Tympanon des Glöckchenportals. Rechte Seite: Ansicht der Giralda von der Plaza del Triunfo aus.*

„Giralda reines Prisma Sevillas, / Ausgleich zwischen Blei und Stern, / in Blau gefaßte Form, Turm ohne Mangel, / Palme der Baukunst ohne Samen.(...) / Im Gegenlicht eines Zitronenmondes, / sind deine Kanten geschliffen wie die Klinge des Barbiers, / die die reinste Gerade verfeinert./ Die Berührung der eitlen Liebkosung gleitet ab./ Mudejar, ich liebe dich, nicht christlich./ Größe, weiter nichts: Fundament und Höhe." (Gerardo Diego).

Cristo del Perdón, dem das Portal seinen Namen verdankt. An der Ecke zur Straße Placentines befindet sich das **Portal zur Kolumbinischen Bibliothek**. Cervantes ließ auf diesen Stufen Szenen mit *Rinconete und Cortadillo* spielen; nicht weit von hier entfernt hatte Monopodio seine „Akademie".

Fassade der Apsis. Von der Ecke bis zum Turm verläuft das almohadische Mauerwerk weiter bis zum Echsenportal. Die Giralda (Glockenturm) stellt die Verbindung zwischen dem Maurischen und dem Gotischen her. Die Apsis liegt zwischen zwei der vertrautesten Plätzen Sevillas; auf beiden wird die Jungfrau Maria verehrt: Der Platz Virgen de los Reyes und der Platz Triunfo (Unbefleckte Empfängnis). Diese Fassade hat zwei gotische Portale: Zum einen, das Palos-Portal, dessen Tympanon die *Anbetung der Hl. Drei Könige* beinhaltet, wobei das liebliche Antlitz der Muttergottes besonders auffällt; und zum anderen, das Glöckchenportal, mit dem *Einzug Jesu in Jerusalem*. Diese Reliefs sind von Propheten und Heiligen aus gebranntem Ton (M. Florentín, XVI. Jh.) eingerahmt. Zwischen den Portalen erhebt sich die Apsis der Königskapelle (1520-1523).

Südfassade. Auf dieser Seite mißt sich die Kirche mit dem Palacio de la Diputación, der Aristokratie des Alcázar – Mauern, Löwentor und Torbogen

Patio de los Naranjos von der Giralda aus gesehen.

zum Patio Banderas – und mit der eleganten Lonja (heute Archiv Spanisch-Amerikas) von Juan de Herrera, eine sevillanische Version des Escorial. Sieht man die Kathedrale von hier aus, versinken die Augen in einem beeindruckendem Wald aus Strebebogen, Zinnen, Fialen und Balustraden, welche die Großartigkeit und Symmetrie des Bauwerkes noch betonen. Es ist zweifellos einer der klassischsten und reizvollsten Winkel der Welt, „der beste Platz auf der ganzen Erde" (Karl V.). Auf dieser Seite befindet sich nur das St. Christophorus-Portal oder Prinzenportal, der Königseingang vom Alcázar her. Es ist durch den Renaissanceteil etwas zurückgesetzt. Das Konzept für dieses Portal stammt von Demetrio de los Ríos und wurde unter der Leitung von Alfonso Fernández Casanova (1887-1895) in die Realität umgesetzt.

„Die Kathedrale von Sevilla, diese enorme Festung des katholischen Glaubens, trägt ihre Glocken in einer maurischen Giralda und birgt in ihrem Innersten den arabischen Patio mit den Orangenbäume."
(Marguerite Yourcenar).

DER PATIO DE LOS NARANJOS

Eine Oase des Friedens inmitten der Stadt. Bereits beim Betreten bemerkt man seine arabische Abstammung: Das Tor, Reste von Pfeilern der Moschee, das Gemäuer, der Gang im Echsenschiff, mit Galerien unter einem Satteldach, das Wasserbecken für rituelle Waschungen (wenn es auch römischen Ursprungs

Empfängnisportal

ist). Vom Echsenportal bis hin zum Verzeihungsportal erstreckt sich das Archiv der Kathedrale und die **Bibliothek des Domkapitels** sowie die **Kolumbinische Bibliothek**, Stolz und Sorge des Domkapitels. Neben dem Portal befindet sich die **Granatapfel-Kapelle**, in der noch westgotische Kapitelle erhalten sind. Der Innenhof hat äußerst kuriose Geschichten erlebt: Im Oktober 1498 bat Antonio de Nebrija um Erlaubnis, Grammatikunterricht in der Capilla de la Granada geben zu dürfen. Das Domkapitel verfügte, „man möge mit Bänken und Matten ausstatten, wie man bedürfe". Auf der kleinen Kanzel

„Durch das Verzeihungsportal betritt man den Patio de los Naranjos – mit seinen Orangenbäumen und, noch in der Luft, dem Duft der verschwundenen Palmen und Zypressen –, den lieblichsten Ort in ganz Spanien, wie der venezianische Botschafter, Andrés Navagero, meinte (...). Vom Patio de los Naranjos gelangt man durch zwei Tore in die Kathedrale: Das Empfängnisportal und das Echsenportal; letzteres befindet sich am Ende des Echsen- oder Granatapfel-Kreuzganges, über dem die wertvolle Kolumbinische Bibliothek untergebracht ist."
(Camilo José Cela: *Erste Reise durch Andalusien*).

Oben: Detail aus dem Mittelstück der Giralda. Rechts: Aufsatz der Giralda, vom Lilienbalkon aus gesehen. Rechte Seite: Kathedrale und Giralda vom Fahnenhof aus gesehen.

Die Giralda

Der Turm schläft stehend
und die Kathedrale liegend,
denn die Giralda ist das Leben
und die Kathedrale der Glauben.
Vom Platz her sieht man,
wie die Glocken fliegen
und die Vesper erwarten.
Und ganz allein, ohne Glöckner,
bewegen sie ihre Stahlzungen
und erwecken San Fernando.

(Fernando Villalón).

am Kirchenschiff predigten, unter anderen, der hochwürdige Contreras, San Vicente Ferrer und San Francisco de Borja. Im Kreuzschiff hängen der berühmte *Lagarto* (Krokodil), ein Elefantenstoßzahn, eine Gerte und ein Pferdezaum: Gaben, Votivobjekte oder Symbole? Es hat heute keine Bedeutung mehr. An der Wand befindet sich ein Gemälde des *Cristo de los*

Mittleres Chorgitter vom Hochaltar aus gesehen.

Escobones (Fegerchristus). Er verdankt seinen Namen der Tatsache, daß seine Lampe dank des Geldes brannte, das man in den Straßenbesen gefunden hatte. All das trägt dazu bei, den Hof zu einem geschichtsträchtigen Ort zu machen: Die Symmetrie der Orangenbäume, das Innere der almohadischen Portale, der Blick auf die Giralda, die von hier aus noch höher aufzuragen scheint, Erinnerungen an Predigten, Unterrichtsstunden von Nebrija, an Straßenfeger, die dafür sorgten, daß immer eine Öllampe zu Füßen des Gekreuzigten brannte.

Von diesem Innenhof führen zwei Zugänge in die Kathedrale: Das große Empfängnisportal (Adolfo Fernández Casanova, 1895-1927), eine Nachahmung antiker Modelle: Im Tympanon sehen wir eine *Unbefleckte Empfängnis*, den *hl. Michael*, den *hl. Johannes, Evangelist*, und darüber *Jesus und seine Apostel*, Skulpturen von Joaquín Bilbao, Adolfo López und Eduardo Muñoz. Am anderen Portal, schlicht und edel, dem Granatapfel-Portal, wird der Reisende von der *Virgen del Reposo mit David und Salomon* (Mercadante oder Pedro Millán, XV. Jh.) empfangen.

DIE GIRALDA

Die Giralda trägt viele Bedeutungen in sich: Ein islamisches Minarett, aus Stein gebaut und mit Ziegelsteinen fertiggestellt, das mit dem Christentum zum Postament des Glaubens und Symbol der Stadt wurde.

Kaum war die Moschee beendet, begann Ben Basso mit dem Bau des Turmes (1184), und der Sieg der Almohaden über Alfonso VIII. in der Schlacht von Alarcos, 1195, trieb seine Fertigstellung durch Alí de Gomara, 1198, voran. Der obere Abschluß bestand aus einer Konstruktion mit vier vergoldeten Kugeln, *Yamur* genannt. Das Erdbeben am 24. August 1356 ließ sie herabstürzen. Hernán Ruiz el Mozo führte (1558-1568) den Umbau durch, der ihm in genialer Weise gelang. Gleichzeitig wurde der *Giraldillo* (1565-1568) geschmiedet. 1987 durchgeführte Messungen ergaben, daß der enorme Turm nur wenige Meter Fundament besitzt.

Der Turm ist 93,90m hoch, und seine Außenfläche in drei vertikale Felder aufgegliedert. Das mittlere ist mit Fenstern versehen und die beiden seitlichen mit Verzierungen in Rautenform aus behauenen Ziegelsteinen. Über eine leicht ansteigende Rampe gelangt man hoch zum Glockenstuhl; ab dort geht es über Treppen weiter. Der Renaissance-Glockenturm besteht aus verschiedenen Teilen: Da ist der Glockenstuhl mit den vier „Lilienstöcken" darauf, verziert mit Köpfen im Relief; die Uhr, in deren ebenfalls reliefgeschmücktem Fries zu lesen ist: TURRIS-FORTISSIMA-NOMEN DÑI-PROV.18; der Teil der Sterne, mit Gesichtern, eine Darstellung der Winde; die Kugeln, auf denen eine Kuppel ruht, die *Tinaja;* und der Sockel des Giraldillo (Windfahne), dessen Nachbildung im Inneren der Kathedrale ausgestellt ist.

Bereich unter der Kuppel und Glasfenster in den Kreuzschiffen. Rechte Seite: Gewölbe über Chor und Orgel.

DAS INNERE DER KATHEDRALE

„Alles ist streng und majestätisch, als seien wir von einer wirklichen Welt in eine riesengroße Grotte gelangt, hergerichtet von einem Riesen, dem es

Geometrie, Symmetrie und Ordnung angetan haben." (Fernando Chueca Goitia).

Angesichts dieser Großartigkeit fühlt sich der Besucher klein und andächtig im Halbdunkel. Man mochte schweigen. Das schimmernde Licht erzeugt jene besondere Stimmung, von der die Romantiker fasziniert waren. 81 Fenster filtern das gleißende Licht Sevillas und lassen es schillern. Es sind wahrscheinlich die interessantesten und komplettesten Kirchenfenster Spaniens, ausgeführt von Künstlern wie Arnao de Vergara, Arnao de Flandes, Carlos de Brujas, Vicente Menardo oder Jean Jacques (XV.-XVI. Jh. und einige moderne).

Virgen del Pilar.

NORDKAPELLEN

Pilarkapelle. Sie existierte bereits in der ehemaligen Moschee-Kathedrale und war von Adligen aus Aragonien gegründet worden. Das Bildnis der *Virgen del Pilar*, aus bemaltem gebranntem Ton ist möglicherweise das gelungenste Werk Pedro Milláns (1500). Seine geschmackvollen Formen atmen Edelmut und Eleganz, Würde und Mystik. Das Kind lächelt und segnet. Ein *Judasbildnis*, am rechten Altar, hat die Kapelle in den letzten Jahren recht populär werden lassen.

Oberhalb dieser Kapelle sehen wir ein herrliches Fenster (1) von Arnao de Flandes: *Der Einzug Jesu in Jerusalem*.

Evangelistenkapelle. Schönheit überall: Das innere Fenster (2) zeigt die *Geburt Jesu* (Arnao de Flandes, 1553). Und auf den neun Tafelgemälden von Hernando de Esturmio (XVI. Jh.) sehen wir in der Mitte, die *Messe des hl. Gregor*, darüber die *Auferstehung*, daneben die *Evangelisten*; über dem Altartisch, die hll. *Katharina, Barbara; Sebastian, Johannes den Täufer* und *Antonius* sowie *Justa und Rufina mit der Giralda* vor der Reform durch Hernán Ruiz. Bemerkenswert sind die Reinheit und Perfektion in der Zeichnung und Farbgebung. Hier sind auch einige Stücke aus dem Chor ausgestellt, die für die Prozessionen am Gründonnerstag und Fronleichnam benutzt werden: Große Pulte für die Chorbücher, Kerzenträger, etc., aus vergoldetem und bemaltem Holz, mit Blumen- und Puttenverzierungen (XVIII. Jh.).

Oberhalb des Gitters können wir die *Auferstehung des Lazarus* bewundern, ein Fenster (3), von Arnao de Flandes (1554).

Hl. Judas *in der Pilar-Kapelle, eine außergewöhnliche Huldigung.*

Verkündigungskapelle. Das Fenster (4) stellt gleichzeitig die *Verkündigungsszene* und auch die *Jungfrau Maria als Schutzpatronin der Mädchen* (A. de Vergara, 1534) dar; denn dies war die Kapelle einer Stiftung (XVI. Jh.), die heiratsfähige Mädchen mit einer Mitgift versorgte. Das Altarbild zeigt nochmals die *Verkündigung* (José Rivera, 1771). Die wirklichen Schätze aber sind die Tafelmalereien des ursprünglichen Retabels (Cristóbal Morales, XV.-XVI. Jh.): *Übergabe der Mitgift*, der *Stifter und sein Wappen*; die *hll. Hieronymus, Gregor, Bartholomäus, Petrus, Thomas, Jakobus der Jüngere, Ambrosius* und *Augustinus* und ein *Kalvarienberg*. Der *Christus* in der Mitte ist späteren Datums. Beide Eisengitter der Kapelle sind bemerkenswert. Das seitliche endet oben in einer schmiedeeisernen *Verkündigung*.

Oberhalb der Kapelle: Fenster (5) von A. de Vergara, mit einer *Magdalena bei der Fußwaschung* (1554).

Links: Elemente des tragbaren Chorpultes in der Evangelistenkapelle.
Rechts: Kaselverleihung an den Hl. Ildefons, *von Valdés Leal, St.-Franziskus-Kapelle.*

Empfängnisportal. Unterhalb der Rosette hängt eine *Allegorie mit der Proklamation des Dogmas von der Unbefleckten Empfängnis vor sevillanischem Hintergrund* (Alfonso Grosso, 1966). An den Seiten stehen zwei symmetrische Altäre: Rechts sehen wir *Mariä Himmelfahrt* (Gregorio Ferrari, XVIII. Jh.), und links schimmert eine *Maria zu Bethlehem*, eines der schönsten Gemälde Alonso Canos (1635). Darüber, die *Hl. Dreifaltigkeit* (Virgilio Mattoni, 1901). An der linken Wand ist der *Kindermord* dargestellt, der von Jacopo Fardella (XVII. Jh.) stammen dürfte.

Von hier aus kann man die Kirchenfenster dieses Flügels betrachten. Über dem Portal: *Christi Himmelfahrt* (6) (1539); im Obergaden: *Die Auferstehung* (7) (Carlos de Brujas, 1558); verschiedene Darstellungen von *Aposteln und Heiligen* (8) (Arnao de Flandes, zwischen 1543-1551).

St.-Franziskus-Kapelle. Hier wird der „Arme Kleine" von Asis verehrt, in dem beeindruckenden Fenster (9), *Ekstase* (Arnao de Flandes, 1554), und im Altarwerk (Bernardo Simón de Pineda, 1661), mit einem großartigen Gemälde *Apotheose* (1656), laut Ceán Bermúdez „eines der besten Werke von Francisco de Herrera el Mozo, aufgrund seiner eigenwilligen Komposition, seiner weichen und verwischten Farben, roten, transparenten Tönen, und aufgrund des starken Hell-Dunkel-Kontrastes, mit dem gearbeitet wurde." Darüber hängt *Die Kaselverleihung an den hl. Ildefons* (Valdés Leal, 1661), exzellent in seinem Realismus und Sinn für die Komposition. Vervollständigt wird die Kapelle durch ein kleines Retabel der *hl. Therese* (XVII. Jh.), eine Büste des *Ecce Homo* und weitere Gemälde.

Das Fenster (10) darüber verherrlicht den *hl. Franziskus, umgeben von Heiligen aus seinem Orden* (E. Alemán, 1478).

Apostel-Jakob-Kapelle. Ein kleines Museum voller Meisterwerke: Ein einzigartiges Gitter, das Fenster (11) mit der *Bekehrung des hl. Paulus* (Vicente

Grabmal des Erzbischofs Gonzalo de Mena, *St.-Jakobs-Kapelle*.

Ein unbekannter hochbegabter Künstler, dessen Technik italienischen Einfluß verrät, schuf zwischen 1401 und 1421 im Auftrag des Domkapitels das Grabmal des Erzbischofs de Mena. Gegen Ende des XVI. Jh. brachte man es in die Cartuja de Santa María de las Cuevas, die der Prälat im Jahr 1400 gegründet hatte, und 1837, nach der Säkularisierung, kam es zurück in die Kathedrale.

Menardo, 1560), einem prachtvollen Altarbild, geschmückt mit Engeln und Pflanzenelementen (B. S. de Pineda, 1663), das monumentale Gemälde *Santiago en la batalla de Clavijo* (Juan de Roelas); darüber *Das Martyrium des hl. Lorenz* (Valdés Leal, 1663). Auf dem Altartisch wird eine *Pietà* (Sevillanische Schule, XVI. Jh.) verehrt. Weiterhin ist hier eine Sammlung von fünfzehn Tafelgemälden (Antón Pérez, 1547-1548) ausgestellt, die von dem ehemaligen Altar-Reliquienschrein der Hauptsakristei stammen, und zwei bildhauerische einzigartige Kostbarkeiten: Die prunkvolle *Tumba des Erzbischofs von Sevilla, D. Gonzalo de Mena* (1394-1401), ein gotisches Werk aus Alabaster mit Reliefszenen aus dem Evangelium, darauf die Liegefigur des Verstorbenen. Und ein Relief aus glasiertem Ton: die *Virgen del Cojín* (aus der Werkstatt von Andrea della Robbia, XV.-XVI. Jh.). Auf einem Kissen sitzend spielt das Jesuskind mit dem Schleier Mariens, die seinen nackten Fuß streichelt. Der Liebreiz der Madonna sowie die Geste des Kindes, die Komposition und zarte Tönung sind dabei besonders ansprechend.

Oberhalb der Kapelle: Fenster mit den *hll. Justa und Rufina* (12) und *Jakob und Barbara* (13) (E. Alemán, 1478).

Scalas-Kapelle. Hier sind zu bewundern: Ein kostbares schmiedeeisernes Renaissancegitter mit *Maria und den Aposteln* (1564), ein Glasfenster (14): *Herabkommen des hl. Geistes und zwei Kanoniker* (1880), sowie das monumentale *Marmorgrabmal von D. Baltasar del Río*, Erzdiakon von Niebla, ein Verwandter Julios II. und Leóns X. und Bischof von Scalas. Der Sarg mit der Liegefigur des Stifters wird von zwei Putten mit Schrifttafeln gehalten, im Hintergrund ein kostbares Reliefmedaillon mit einer *Madonna des Trostes*. Zu den Seiten wachen die hll. Petrus und Paulus. Auf der Empore erhebt sich der majestätische Altaraufsatz, unterteilt in drei vertikale Felder durch zwei platereske Säulen, auf deren Sockel der Bischof mit seinem Wappen erscheint. Das Altarbild zeigt in einem Flachrelief die *Wundersame Brotvermehrung* und darüber die *Ausgießung des hl. Geistes*, bemerkenswert durch die Komposition und Ausführung der Figuren; als Abschluß darüber, die Büste des *Himmlischen Vaters, angebetet von zwei Engeln*. Diese Grabkapelle ist leer, da der Bischof in Rom starb und dort begraben wurde. Das Monument italienischen Stils wurde am 5. Mai 1539 aufgestellt. Diese Kapelle hatte einen Ausgang auf den Patio de Naranjos. Das erhaltene Portal wurde von Hernán Ruiz oder Pedro de Riaño entworfen.

Gegenüber des enormen Kunstwerkes gibt es noch ein Kleinod: Die *Madonna mit dem Granatapfel*, eine wunderschöne Terrakottafigur von Lucca della Robbia. Umgeben von Heiligen und von Engeln gekrönt, bietet sie ihrem Sohn einen Granatapfel dar (XIV.-XV. Jh.).

Oberhalb der Kapelle: Fenster (15) von E. Alemán (1478): *Vier Apostel*.

St.-Antonius-Kapelle oder Baptisterium. Sie wird durch ein Fenster (16) mit den *hll. Justa und Rufina* sowie dem *Titelheiligen* der Kapelle erhellt (Juan Bautista de León, 1685). Vom Seitenschiffschiff her gesehen scheint es, als stützte das Renaissance-Taufbecken, mit Engeln am Fuß und Pflanzenmotiven

Ganz oben: Madonna mit dem Granatapfel *und* Grabmal des Bischofs Don Baltasar del Río, *Scalas-Kapelle.*
Oben: Madonna mit dem Kissen, *St.-Jakobs-Kapelle.*

Links: Fenster mit vier Aposteln, im Kreuzschiff. Rechts: Taufstein in der St.-Antonius-Kapelle. Rechte Seite: Gesamtansicht der Scalas-Kapelle.

am Becken, den enormen Rahmen (Pineda, 1668) des Altarbildes, mit zwei außergewöhnlichen Werken Murillos: Der *hl. Antonius* (1666) und die *Taufe Jesu* (1668). Ersteres läßt, trotz seiner Ausmaße (5,60 x 3,75m), eine intime Stimmung aufkommen: Der Heilige sieht fasziniert, wie der Himmel sich öffnet und Gott als kleines Kind mitten unter Engeln herabkommt. Ein einfacher Tisch im Vordergrund und das Kloster im Hintergrund verleihen dem Bild Atmosphäre. Das schlichte, gefühlvolle Thema, das Zusammenspiel von Licht und Halbschatten, lassen uns dieses Gemälde des Malers besonders hochschätzen. Von ähnlicher Schönheit zeugt das andere Werk Murillos, das auf die sakramentale Funktion der Kapelle anspielt.

Bereichert wird dieser Raum noch durch eine Gemäldereihe auf achtzehn Tafeln, mit der Abbildung von *Aposteln, Propheten, Heiligen und der Pietà* (XVI. Jh.). Eine meisterhafte Restauration hat die Gesichter wieder kraftvoll und klar werden und ihre ursprünglichen Farben wiedererlangen lassen. Weitere bedeutende Werke: Eine *Unbefleckte Empfängnis* (Juan de Roelas), der *hl. Petrus vor dem Herrn* und der *hl. Petrus im Kerker* (Valdés Leal) sowie zwei Gemälde mit dem *Schöpfung*sthema (Simón de Vos).

Oberhalb der Kapelle: Fenster (17) von E. Alemán (1478): *Die vier Evangelisten.*

Sakramentsportal. Es wurde 1682 eröffnet und mit Statuen der Schutzheiligen geschmückt: *Fernando*, *Leandro* und *Isidoro*, *Justa und Rufina*. Vor diesem Portal ist die Reproduktion des *Giraldillo* aufgestellt. So wird die Statue der Wetterfahne auf dem Glockenturm genannt: Eine Frau symbolisiert die Katholische Kirche, im Triumph über Ketzerei und die Türken, ein Einfall des Domherren und Humanisten Francisco Pacheco. Gegossen wurde sie von

Die ältesten Glasfenster der Kathedrale wurden zwischen 1478 und 1483 von Enrique Alemán geschaffen, einem Künstler deutschen Ursprungs, dessen Stil seine Ausbildung in elsässischen Werkstätten und einen starken flämischen Einfluß verrät.

Madonna mit dem Erdbeerbaum.

Im Jahr 1454 erscheint der Name Lorenzo Mercadante de Bretaña erstmals unter den Künstlern der Kathedrale von Sevilla, als Schöpfer einer Marienfigur. Von einigen wurde sie als die *Madonna mit dem Erdbeerbaum* vermerkt, eine hervorragende Skulptur aus Alabaster, im unverwechselbaren Stil des Bretonen. Während einer gründlichen Restaurierung 1983 erhielt die Figur ihre ursprünglichen Farben zurück.

Bartolomé Morel zwischen 1566 und dem 13. August 1568, dem Tag der Weihung. Sie mißt von der Kugelbasis bis zum Kreuz 7,52m.

WESTKAPELLEN

Kapelle der Schmerzensreichen. Am Eingang finden wir ein Gemälde von Juan de Roelas (1609): Eine Maria auf dunklem Hintergrund nimmt ihren leblosen Sohn in die Arme. Bei ihr stehen der hl. Johannes und Magdalena. Engel mit Symbolen der Leidensgeschichte halten die gewundenen Säulen des Altars. Und, ganz oben, das Schweißtuch Christi zwischen dem Glauben und der Hoffnung.

Altar Mariä Heimsuchung. Eine unvergleichliche Sammlung von Tafelgemälden des großartigen sevillanischen Malers Pedro de Villegas Marmolejo, dessen Namenszug auf dem mittleren Bild zu erkennen ist: *Besuch Mariens bei der hl. Elisabeth*; daneben: *hl. Blasius*, *Taufe Christi*, *hl. Jakob* und *hl. Sebastian*. Direkt über dem Altar befinden sich *Porträts des Stifters und seiner Familie* und in der Mitte ganz oben, das *Jesuskind mit Heiligenschein* (1566). Bestechend sind die perfekte Konzeption, edle Formen und weiche, frische Farbgebung. Auf dem Altartisch steht ein Hochrelief des *büßenden hl. Hieronymus* (Jerónimo Hernández, 1566), äußerst gelungen durch die natürliche Zeichnung und die Modellierung des Körpers. Das Gitter stammt aus dem Jahre 1568.

Über dem Taufportal, ist *Mariä Heimsuchung* in dem Renaissance-Glasfenster (18) von Vicente Menardo (1568) zu erkennen.

Altar der Virgen de la Alcobilla. Kleine Pietà-Gruppe, aus bemaltem gebranntem Ton, flämisch beeinflußt (XIV. Jh.).

St.-Leander-Kapelle. Hier finden wir einen großartig bearbeiteten Eingangsbogen aus Stein mit barockem Gitter und ein Retabel mit gewundenen Säulen (1730). In der Mitte: *San Leandro mit dem hl. Fulgenz und dem hl. Antonius*; und ganz oben: *Santo Domingo* (Duque Cornejo, 1734); weiterhin zwei Gemälde mit Begebenheiten aus dem Leben des Heiligen (J. Mausola, 1735).

Altar des Jesuskindes. Diese bezaubernde Skulptur, aus bemaltem Holz, aus der Schule Martínez Montañés' (XVI. Jh.), ist – wegen der Form seiner Lippen – als *„Das stumme Kind"* bekannt und wurde immer schon von der Bevölkerung sehr verehrt.

Altar des Trostes. Er zeigt in der Mitte *Maria mit dem Kinde zwischen Jakobus dem Älteren und dem hl. Antonius*, auf gotische Tafel gemalt (Alonso M. de Tovar, 1720), und zu ihren Füßen, den Stifter.

Fenster: In der Kapelle sehen wir eine Rosette (19) (Durchmesser 2,8m) und ein Fenster (20) mit den *Evangelisten* (Vicente Menardo, 1566); im Kirchenschiff: Gestalten aus der Bibel (21) (E. Alemán, 1478-1483).

Zwischen dem Retrochor und dem Portal ist Don Hernando Colón (Kolumbus) begraben, Sohn des Entdeckers von Amerika, ein großer Büchersammler, der seine Bibliothek der Kathedrale stiftete. Er starb im Juli 1539.

Über dem Hauptportal befindet sich ein *Kalvarienberg*, eine Skulpturengruppe von Francisco Antonio Girón. Sie stand ganz oben auf dem großen Gründonnerstag-Prozessionsaltar.

Silberaltar. Vor dem Hauptportal ist von Gründonnerstag bis Christi Himmelfahrt der große Silberaltar aufgebaut, ein Werk von Juan Laureano de

Links: Das stumme Kind. *Oben:* Madonna mit dem Band.

Zwischen 1454 und 1467 (wahrscheinlich das Jahr seines Todes), trug Lorenzo Mercadante de Bretaña zur bildhauerischen Ausstattung der Kathedrale von Sevilla bei. Er schuf vor allem Terrakottafiguren, seine Spezialität, wie die ausgezeichnete *Madonna mit dem Band*.

Pina und Mateo Gutiérrez (1688-1690). Er besteht aus vielen Heiligenbüsten und -statuen, wird von einer großen Sonne und einer Krone bekränzt und trägt in seiner Mitte den Schrein mit dem goldenen Hostienkelch für die Eucharistie.

Schutzengel-Altar. Eines der bekanntesten Werke Murillos (1665), mit der Interpretation des Engels, der dem Menschen, dem ewigen Kind, zur Seite steht.

St.-Isidor-Kapelle.

Altar der Madonna mit dem Erbeerbaum. Eine intime Szene: Die Gottesmutter gibt dem Kind die nackte Brust, und Jesus blickt den Betrachter an. Ein kniender Engel bietet einen Korb mit „Madroños" (Erdbeertrauben) dar. Weiterhin, eine 1,20m große Alabastergruppe von Lorenzo Mercadante de Bretaña (XV. Jh.). Sie wird wegen ihrer Gestaltung, ihrer Ausdruckskraft und des Faltenwurfes bewundert. Oben im Altar: Die *Geißelung Jesu*.

St.-Isidor-Kapelle. Sie ist das Gegenstück zur St.-Leander-Kapelle: Ein großartig verzierter Eingangsbogen aus Stein, mit herrlichem Gitter (XVII. Jh.) und innen, bemalte Gipsarbeiten. Das Retabel mit gewundenen Säulen (B. Simón de Pineda, 1662-1664) beinhaltet vier Werke unbekannter Künstler: *San Isidoro*, zwischen *San Francisco* und *San Diego de Alcalá* und, ganz oben, *San Fernando*.

Altar der Madonna mit dem Band. Ein weiteres Juwel von Mercadante de Bretaña aus gebranntem, bemaltem Ton: Eine *Madonna* in ganzer Figur mit ihrem Sohn in den Armen (1460-1470). Die Gesichter sind sehr ausdrucksvoll; Maria hält ihren Umhang, und ein anmutig fallendes Band umschließt ihre Tunika; das Kind hält ein Buch in den Händen.

Oberhalb des St.-Michaels-Portals ist *Mariä Verkündigung* in dem Renaissancefenster (22) von Vicente Menardo (1566) zu erkennen.

Weihnachtsaltar. Hinter einem plateresken Gitter (XVI. Jh.) kann ein Retabel mit Gemälden von Luis de Vargas bewundert werden, den Francisco Pacheco als „Licht der Malerei und ihrer würdigster Vater in dieser seiner Heimat, Sevilla" bezeichnet hat. In der Mitte: *Die Anbetung der Hirten*, und zu den Seiten: *Mariä Verkündigung*, *Darbringung im Tempel*, die *hll. Johannes, Lukas, Matthäus und Markus* und die *Anbetung der Könige*.

Retabel der St.-Laureano-Kapelle.

SÜDKAPELLEN

St.-Laureano-Kapelle. Die Überlieferung besagt, daß dieser Heilige Erzbischof von Sevilla war. Davon zeugt das Fenster (23) mit *San Laureano, San Isidoro und San Leandro* (Vicente Menardo, 1572). Obwohl der Ausspruch von Ceán Bermúdez „Hier wurde zu Beginn des Kathedralenbaus der erste Stein gelegt; und da dies der erste fertiggestellte Teil war, wurden hier Gottesdienste gefeiert, während man die Kirche vollendete" der Wahrheit entspricht, stammt die gesamte Einrichtung aus dem XVIII. Jahrhundert. Das Altarbild zeigt den *Titelheiligen* der Kapelle und Szenen aus seinem Leben, darüber seinen *Märtyrertod*, alles als Relief, und Engel mit Spruchbändern. Der Sevillaner Matías de Arteaga malte die Szenen aus dem Leben des Heiligen (1700-1702). Rahmen, Retabel und Figuren werden alle ein und demselben unbekannten Künstler zugeschrieben. In der Kapelle sind verschiedene Persönlichkeiten beigesetzt. Man sieht allerdings nur das *Grabmal des Kardinals D. Joaquín Lluch y Garriga* (1877-1882). Auf einer mit Engeln und Wappen geschmückten Estrade befindet sich die Orantenfigur des Erzbischofs (Agapito Vallmitjana, 1885).

Oberhalb der Kapelle: Fenster (24) von E. Alemán mit verschiedenen *Heiligen*.

Kapelle des Christus von Maracaibo. Das Fenster (25) in der Kapelle zeigt die *hl. Familie* (1798). Darunter befindet sich ein Retabel (Joaquín Bilbao, 1914), mit einer wunderschönen Malerei, ein gekreuzigter Christus, der sich früher in einer der ersten Kapellen (XVI. Jh.) befunden hatte und unter dem

Links: Grabmal des Kardinals de la Lastra. *Rechts:* Christus von Maracaibo.

Namen *Cristo de Maracaibo* verehrt wird. Zu beiden Seiten des Gemäldes sehen wir moderne Flachreliefs mit der *Jungfrau Maria* und dem *hl. Johannes*. An der linken Wand schimmert auf einer Estrade mit Balustrade ein Altar mit Gemälden auf Holz (XV. Jh.): In der Mitte, der *hl. Bartholomäus mit dem hl. Blasius und dem hl. Nikolaus*, seitlich davon, die *hll. Jakob* und *Sebastian*. Darüber steht eine Skulptur, eine Darstellung der *Muttergottes mit dem Kinde* (XVI. Jh.). Die beiden werden von *Johannes dem Täufer, der hl. Anna, der hl. Martha und dem hl. Michael* flankiert. Im unteren Teil sind fünf Gemälde aus der *Passion* zu betrachten, und in der Mitte, eine *Kreuzigung*. Nach ihrer kürzlichen Restauration kommen sie nun in ihrer vollen Schönheit zur Geltung.

Rechts steht das *Grabmal des Kardinals D. Luis de la Lastra y Cuesta* (1862-1876) aus Marmor. Dem kniend dargestellten Prälaten im Vespergewand liegt die Mitra zu Füßen. Die Ecken sind mit Engeln und Wappen geschmückt (Ricardo Bellver, 1880).

Das Fenster (26) über dieser Kapelle zeigt *Vier Heilige Frauen* (E. Alemán, 1478).

St.-Josefs-Kapelle. Hier sehen wir ein modernes Fenster (27): *Die Geburt Jesu* (1932). In der Mitte des klassizistischen Marmoraltars (XVIII. Jh.) befindet sich das Bildnis des *Titelheiligen* dieser Kapelle, aus bemaltem Holz (José Esteve Bonet). Gegenüber davon steht das *Grabmal mit Ehrenschrift des Kardinals Bueno Monreal* (1954-1982) (José Antonio Márquez); rechts davon, der *Sarkophag des Kardinals Manuel Joaquín Tarancón y Morón*, Erzbischof von Sevilla (1857-1862). Verschiedene Gemälde dekorieren die Kapelle.

Das Fenster (28) mit den *hll. Gregor, Augustinus, Ambrosius und Hieronymus* ist ein Werk E. Alemáns (1478-1479).

Ricardo Bellver y Ramón (1845-1924), Angehöriger einer schaffensreichen valencianischen Bildhauerfamilie, wirkte hauptsächlich in Madrid, trug jedoch auch zur Vollendung der Fassade der Kathedrale von Sevilla bei. Dafür erhielt er den Auftrag für die Orantenstatue des Grabmals von Kardinal de la Lastra.

Oben: Jakobus der Jüngere, *in der St. Hermenegild-Kapelle. Rechts: Retabel der St.-Josefs-Kapelle.*

Die Figur *Jakob der Jüngere* überlebte als einzige den Einsturz des ersten Kuppelgewölbes der Kathedrale, 1511. Seine Überhöhe war die Ursache für die Katastrophe, bei der alle anderen Propheten-, Apostel- und Heiligenstatuen aus bemaltem Holz, die es geschmückt hatten, verlorengingen.

St.-Hermenegild-Kapelle. Ein Fenster (29) mit den Symbolen des *Titelheiligen* erhellt den schlichten Altar mit dem *hl. Hermenegild* aus fein bearbeitetem, bemaltem Holz. Neben ihm stehen ein *heiliggesprochener Bischof* und eine *hl. Benediktine*, und im Altaraufsatz ist die *Virgen del Carmen* zu sehen. Einige Engel vervollständigen das schmückende Beiwerk (Bartolomé García de Santiago und Sohn, XVIII. Jh.). Auf dem Altartisch können wir *Jakobus den Jüngeren* würdigen.

Man erkennt ihn an der Würgschraube, die an seinen Tod erinnert. Wir haben hier ein kostbares Werk Pedro Milláns (1506) vor uns, bei dem besonders die edlen Gesichtszüge, die perfekt gearbeiteten Hände und der Faltenwurf des Gewandes beeindrucken. Und es ist die einzige erhaltene Figur aus der ehemals eingestürzten Kuppel. Das andere Holzbildnis (XVI. Jh.) zeigt *Jakobus den Älteren* in Pilgerkleidung. Neben den beiden stehen Büsten aus getriebenem Silber, mit Reliquienschrein in der Brustpartie und Perlmutteinschlüssen. Sie gehören zu dem Silberaltar, der an Gründonnerstag und Christi Himmelfahrt aufgestellt wird.

In der Mitte des Raumes ragt ein erhabenes Werk auf: Das *Grabmal des Kardinals Juan de Cervantes*, Erzbischof von Sevilla (1449-1453) und Stifter der Kapelle. Es stammt von Mercadante de Bretaña. Auf dem Alabastersarkophag liegt die Figur des Toten in erzbischöflichem Ornat. Sein Antlitz entspricht der Totenmaske, und zu seinen Füßen liegt ein Reh, in Anspielung auf seinen Nachnamen Cervantes (ciervo = Hirsch). Vier wappenhaltende Engel schmücken die Ecken. Weitere Engel sowie Löwen befinden sich am Sockel. Das Grabmal stammt aus der Zeit zwischen 1453-1458 und stellt somit eine Verbindung zwischen der flämischen und der burgundischen Renaissance her; die Engel erinnern an Van Eyck.

Oberhalb dieser Kapelle: Fenster (30) von E. Alemán: *Vier heiliggesprochene Bischöfe* (1478).

Virgen de la Antigua.

Kapelle der Virgen de la Antigua, auch Kapelle der **Hispanidad** oder der **Virgen del Descubrimiento** genannt. Zu Füßen dieser Madonna betete bereits Kolumbus, und seine Verehrung wurde in den neu entdeckten Ländern übernommen. Diese Kapelle verdient wegen ihres künstlerischen Wertes und ihres ornamentalen Reichtums besonders erwähnt zu werden.

Hier muß früher der *Mihrab* gewesen sein, die Stelle, der sich die Muslims im Gebet zuwandten. Die heutige Kapelle ist ein Lobgesang an die Jungfrau Maria seitens zweier Erzbischöfe Sevillas, des Kardinals D. Diego Hurtado de Mendoza (1495-1502) – ihm verdanken wir die Architektur – und D. Luis de Salcedo y Azcona (1722-1741) – er über nahm die Ausschmückung. Ersterer Kardinal war von dem auf eine Mauer der ursprünglichen Kathedrale gemalten Bild so sehr angetan, daß er ihm einen Altarraum bauen wollte. Er ließ diese Kapelle vergrößern, mit einem Deckengewölbe versehen, was sie noch prächtiger macht, und großzügig ausstatten. Hier wollte er begraben werden. Alonso Rodríguez vollendete das Werk (1504). Der Kardinal hatte die Überführung des Bildes, zusammen mit der Mauer, für die Nacht vom 7. auf den 8. November 1578 vorgesehen, aber nicht gesehen. Die Kosten für die überreiche Ausstattung übernahm der Erzbischof Salcedo. Juan Fernández Iglesias wurde der Altaraufbau aus Marmor und Jaspis in Auftrag gegeben, und Pedro Duque Cornejo, die Skulpturen. Das von Antón Pérez (1547) auf die Wand aufgetragene Fresko der überlebensgroßen *Virgen de la Antigua* spricht für sich selbst. Maria halt Jesus auf der Hüfte und in der Hand eine Rose. Auf der Hand des Kindes sitzt ein kleiner Vogel. Drei Engel breiten die Flügel über ihr aus; zwei davon halten eine Krone über sie und der dritte bringt eine Hoffnungsbotschaft: *Ecce Maria venit* (Hier kommt Maria). Ihr zu Füßen betet eine im Maßstab verkleinerte Frau. Die in die Wand eingelassenen Kronen aus Gold und Edelsteinen wurden anläßlich der kirchlichen Krönung (1929) von den Gläubigen finanziert. Das Fresko, eine Mischung aus gotischem und byzantinischem Stil, stammt vom Ende des XIV. Jh. und erinnert an die

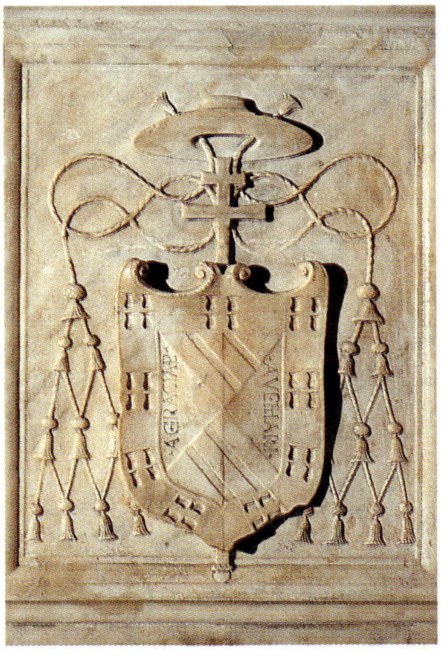

Wappen des Kardinals Hurtado de Mendoza, in der Kapelle der Virgen de la Antigua.

Liegefigur des Kardinals Hurtado de Mendoza in der Kapelle der Virgen de la Antigua.

Domenico Fancelli schuf das Grabmal für Kardinal Mendoza in Genua zwischen 1508 und 1510 und reiste im selben Jahr selbst nach Sevilla um seine Errichtung zu leiten. Er war einer der ersten einer langen Reihe italienischer Künstler, die im XVI. Jh. den Renaissancestil in Spanien einführten.

Madonnen von Siena. Neben der Muttergottes stehen Skulpturen des *hl. Joachim* und der *hl. Anna*. Darüber ist *Jesus der Retter* mit *Johannes dem Täufer* und *Johannes dem Evangelisten* zu sehen. Ganz oben erscheinen zwei symbolische Skulpturen, und Engel, in dem dazwischenliegenden Fries. Der Tabernakel besteht aus getriebenem Silber (Duque Cornejo) und das Kruzifix aus Elfenbein (Cortezo). Aus Silber sind auch die Antependien des Altars und des Nebentisches, das Bücherpult, die Brüstung mit dem Ave Maria und der grazile Engel für die Lesungen. Die beiden Altartüren wurden aus Ebenholz mit Bronze-, Schildpatt- und Elfenbeineinschlüssen angefertigt. Große silberne Leuchter erhellen den Raum.

Es existieren zwei Zugänge und zwei Torbogen. Das größere, mit einem wunderschönen Gitter, wurde von Hernán Ruiz entworfen (XVI.-XVII. Jh.). Der Torbogen zum Kreuzschiff hin ist ein ausgezeichnetes Werk von Pedro de Riaño, wurde aber von Martin de Gainza oder Hernán Ruiz vollendet. Die Figuren dieses Portals möchten uns etwas lehren: Im obersten Teil beschließt *Gottvater* – neben ihm zwei Giganten und Fackeln –, die Welt zu retten. Er schickt uns seinen Sohn: Die *Geburt Jesu* (oben). Die Rettung wird von der

Kirche ausgeführt: Die *hll. Petrus und Paulus*. Sie stehen zu beiden Seiten jeweils auf einer möglicherweise aus der Moschee-Kathedrale stammenden Säule aus grünem Marmor. Und *Sechs Apostel* im plateresken Bogen.

Von ihren Grabmonumenten aus halten die beiden Erzbischöfe vor der Jungfrau Wacht. Rechterhand des Altars steht das des Kardinals Hurtado de Mendoza, ein Wunderwerk in Konzept und Ausführung. Angetan mit seinem erzbischöflichen Ornat, ruht er unter einem Triumphbogen mit sechs Pfeilerfiguren, dem *hl. Petrus*, dem *hl. Paulus*, *zwei Aposteln*, *Johannes dem Täufer* und einem *heiliggesprochenen Bischof*. Über dem Sarkophag ist ein Relief-Fries mit der *Auferstehung* zu betrachten. Daneben stehen die *hl. Anna mit Maria* und die *Muttergottes mit dem Kind*. Bei der *Himmelfahrtsszene* in der Mitte fällt die eigenartige Komposition der Figuren auf: Von Jesus sieht man nur die Füße und die Apostel werden von hinten oder im Profil gezeigt. Zwei weibliche Figuren und Wappenschilde flankieren die Inschrift der Tumba. Der berühmte Domenico A. Fancelli di Settignano schuf dieses weiße Marmorwerk (1508-1509), das bei der Einführung der italienischen Renaissance in Spanien eine entscheidende Rolle spielte.

Links: Seitenpforte der Kapelle der Virgen de la Antigua.
Rechts: Pietà-Altar.

„Diese Gitter in den spanischen Kathedralen sind keine mindere Kunst, sondern der reinste Ausdruck einer künstlerischen Sensibilität, die Formen zu handhaben weiß, ohne Raum zu füllen (...). Ihre Formen spielen in der Luft, sie wellen und winden sich, erstarren in den Riegelbarren, sie wiederholen sich mit der feierlichen Beharrlichkeit einer Litanei, aber gleichzeitig scheint es, als würden sie von einer sanften Brise der Renaissance wie gelocktes Haar nach oben geweht." (José Ramón Aznar).

Oben: Madonna mit den Ulmen, *in der Kapelle der Virgen de la Antigua.* *Rechte Seite:* Grabmonument des Christoph Kolumbus.

Cristoph Kolumbus lebte in Sevilla, dem großen Tor zu Spanischamerika, die meiste Zeit während seines Aufenthaltes in Spanien, nach der Entdeckung Amerikas. Von hier aus brach er 1505 zu seiner letzten Reise auf, ruiniert und krank, in einem weiteren Versuch, die königliche Gunst wiederzuerlangen. Ähnlich wie ihm selbst, erging es seinen sterblichen Überresten; sie wurden von Valladolid nach Sevilla, von dort nach Santo Domingo, nach Havanna und, nach dem Unglück '98, wieder zurück nach Sevilla gebracht, so daß es heute schwierig zu sagen ist, ob sich seine Grabstätte tatsächlich in der Kathedrale von Sevilla befindet.

Von dem *Grabmal des Erzbischofs Salcedo* läßt sich wenig sagen, außer daß es sich um eine Nachempfindung des ersteren handelt und von Pedro Duque Cornejo (1734-1741) stammt. Auf den Säulen des Rundbogens stehen sechs Heiligenfiguren und auf dem Grabmal selbst sehen wir Marienszenen im Relief: *Mariä Verkündigung*, *Mariä Heimsuchung*, die *Apostel neben dem Grab Mariens*, und als Krönung des Ganzen: *Mariä Himmelfahrt*. Es handelt sich um eine gute Arbeit; sie kann jedoch einem Vergleich mit der Tumba des Kardinals nicht standhalten. Aus den Jahren des Erzbischofs Salcedo stammen auch die Gemälde, die zur Ausschmückung der Kapelle beitragen, mit Themen, die sich auf die Virgen de la Antigua beziehen, wie zum Beispiel die *Mauerversetzung* (Domingo Martínez). Von 1991 bis 1992 wurde sowohl das Mauerwerk als auch die Ornamentierung der Kapelle, die schlecht erhalten war, restauriert. Heute ist sie eine Kapelle des Allerheiligsten und dem Gebet vorbehalten.

Mariä-Empfängnis-Altar. Hier finden wir ein großartiges gemaltes Altarbild, ein Werk von Luis de Vargas (1561), auf dem der Stammbaum des Heilands symbolisiert ist: Angefangen bei Adam, gipfelt die Menschheit in Jesus, umfangen von der Muttergottes. Dem abgewinkelten Bein Adams im Vordergrund verdient der Altar seinen volkstümlichen Beinamen – Altar de la Gamba. Der Italiener Alesio, Schöpfer des gewaltigen Christophorus gegenüber des Altars, soll gesagt haben: „Piú vale la tua gamba che il mio San Cristóforo" (Besser dein Bein als mein Christophorus). Von demselben Künstler stammen auch die *Allegorie der Triumphierenden Kirche* auf dem Altar und, beidseitig davon, der Stifter und Domherr *D. Juan de Medina mit seinem Wappen*. Das phantastische Gitter wurde von Hernán Ruiz entworfen und von Pedro Delgado vollendet (1562).

Pietà-Altar. Ein weiteres gemaltes Altarbild, von Alejo Fernández (1527), ebenso beeindruckend wie das vorige, markiert den Übergang von der Gotik zur Renaissance. Das mittlere Tafelbild stellt die *Muttergottes mit dem Leichnam ihres Sohnes* dar, flankiert von dem *hl. Johannes*, *Josef von Arimatea* und den *drei Marien*; im Hintergrund, etwas düster, *Jesus im Schoße Abrahams* und *Erscheinung vor Magdalena*; zu beiden Seiten stehen *Heilige*. Darüber quellen aus einer Fratze vegetabile Motive. Direkt über dem Altar zeigt ein weiteres Tafelbild *Jesus an die Säule gefesselt*, und beidseitig daneben, Porträts der Stifterin. Das Gitter stammt aus dem XVI. Jahrhundert.

PRINZENPORTAL

Kolumbusdenkmal. Sevilla und seine Kathedrale sind stolz darauf, die sterblichen Überreste des Entdeckers Amerikas, eines langjährigen Bürgers dieser Stadt, zu beherbergen. Sie kamen 1899 hier an und wurden 1902 in dieser Tumba beigesetzt. Vier riesengroße Amtsstabträger aus bemalter Bronze, mit Alabastergesichtern, symbolisieren Kastilien (mit Granada auf der Lanzenspitze), León, Aragonien und Navarra und tragen auf ihren Schultern den Sarkophag, bedeckt mit einem reich verzierten Trauerbehang. Das Grabmal hat romantischen Charakter, typisch für die damalige Zeit und ihren Schöpfer, Arturo Mélida.

Über dem Portal hängt in einem klassizistischen Schrein die von dem Ordensbruder José Cordero (1789) angefertigte enorme **Uhr**.

An der Mauer rechter Hand, sehen wir das übergroße Fresko mit dem *Schutzheiligen der Reisenden* **(hl. Christophorus)**, ein Werk des Italieners, der

Oben: Altarbild der Schmerzenskapelle. Rechts: Schmerzensreiche Muttergottes. *Rechte Seite: Sakristei der Kelche.*

Pedro de Menas (1628-1688) Beitrag zur barocken religiösen Bildhauerkunst ist äußerst gefühlsbeladen. In ihrer Überschwenglichkeit kaum zu übertreffen sind seine verschiedenen Darstellungen der *Schmerzensmutter*, von der wir in der Kathedrale von Sevilla ein gutes Beispiel vor uns haben.

unter dem Namen Mateo Pérez de Alesio bekannt wurde und auch in der Sixtinischen Kapelle gearbeitet hat. Er signierte es auf dem kuriosen Papagei in der rechten unteren Ecke des Bildes (1584). Die gewaltigen, wohlproportionierten Ausmaße nehmen der Zeichnung und der Farbgebung nichts an Schönheit.

Fenster in diesem Flügel des Kreuzschiffes: Über dem Portal ist eine Rosette zu betrachten, **Mariä Himmelfahrt** (31) (A. de Vergara, 1536); zur Rechten: die *hll. Hermenegild, Hieronymus und Eustachius* (32) (Maumejean, 1929-1932); dem gegenüber: die *hll. Nikolaus, Martin, Sylvester* und *Tod der Jungfrau Maria* (33); im ersten Schiff, links: *Gelehrte der lateinischen Kirche* (34); rechts: die *hll. Justa, Rufina, Barbara und Katharina* (35); im zweiten Schiff, rechts: die *hll. Leandro, Laureano, Isidoro und Florentina* (36) und dem gegenüber: die *hll. Ines, Agathe, Luzie und Cäcilie* (37) (Arnao de Flandes, 1544-1556).

Schmerzenskapelle. In dieser dem Leiden Christi gewidmeten Kapelle befindet sich ein modernes Fenster (38). Am Altar hängt ein *Gekreuzigter* (XVI. Jh.), und über dem Altartisch sehen wir das Bildnis einer angekleideten *Schmerzensreichen Muttergottes* (Pedro de Mena, 1680) sowie Malereien mit Passionsthemen; gegenüber des Altars, ein *Ecce Homo*. Unter den Gemälden

Links: Die hll. Justa und Rufina, *von Francisco de Goya. Mitte:* Pietà zwischen dem Hl. Vinzenz und dem Hl. Hieronymus, *von Juan Nuñez. Rechts:* Maria zwischen dem Hl. Petrus und dem Hl. Hieronymus, *von Juan Sánchez de Castro.*

Die Schwestern Justa und Rufina, Sevillas Heilige schlechthin, lebten und starben im damaligen römischen *Hispalis*. Sie waren Töpferinnen und sind heute die Schutzpatroninnen für dieses Handwerk. Gegen 287, in der Zeit der Diokletianischen Christenverfolgung wurden sie, nach der Anklage, ein Idol zerstört zu haben, auf Befehl des Statthalters Diogenian zu Tode gefoltert.

sollen zwei besonders hervorgehoben werden: *Das Verlöbnis der Jungfrau Maria mit Josef* (Valdés Leal, 1657) und *Die Segnung der Söhne Jakobs* (Pieter van Lint, XVII. Jh.). Auf der Stirnseite erhebt sich das *Grabmal des seliggesprochenen Kardinals Spínola y Maestre*, Kanonikus und Erzbischof von Sevilla (1896-1906). Das Werk Joaquín Bilbaos (1912) stellt ihn betend dar.

Hier ist auch der großartige und kuriose Tenebrario oder Teneberleuchter für die Gottesdienste in der Osterwoche aufgestellt, „das in dieser Art am besten durchdachte, eleganteste und am besten gearbeitete Stück in Spanien" (Ceán Bermúdez). Er wurde von Hernán Ruiz (1559) entworfen, ist 7,8m hoch und aus Bronze (Fußgestell und Stange) und Holz (die Figuren darauf) gefertigt.

Oberhalb der Kapelle: Fenster (39), mit der *Fußwaschung* (Arnao de Flandes, 1555).

Von hier aus gelangt man in die **Sakristei der Kelche**. Schlicht und wohlproportioniert, auf rechteckigem Grundriß (13,7 x 7,8m), ist sie einer der gelungensten Räume der Architektur aus der Übergangszeit von der Gotik zur Renaissance. In der quadratischen und den beiden rechteckigen Sektionen sind Quadersteine in den Mauern zu erkennen. Die Gewölbe tragen gotisches Rippenwerk; in den Winkeln weiten sich die Bogen in Trompen. Von 1509 bis 1537 arbeiteten daran die hervorragendsten Architekten jenes Jahrhunderts: Alonso Rodríguez, Juan Gil de Hontañón, Diego de Riaño und Martín de Gainza. Nach hinten gelangt man in zwei kleine Betkapellen. Eine schmucklose aber edle Truhe beinhaltet eine Auswahl unvergeßlicher Bilder.

Das Gemälde die *hll. Justa und Rufina* wurde Francisco de Goya vom Domkapitel für diesen Raum in Auftrag gegeben. Durch das Fenster zur Rechten fällt himmlisches Licht und umgibt die Frauen mit hellem Schein. Im Hintergrund sind der Guadalquivir, die Kathedrale und die Giralda sichtbar. Die beiden jungen Frauen mit Gesichtern wie Dorfmädchen blicken zum Himmel. In den Händen

Oben links: Lazarus mit Martha und Maria, *von Juan Valdés Leal. Unten:* Die Befreiung Petrus' durch einen Engel, *von Juan Valdés Leal. Oben rechts: Teneberleuchter in der Sakristei der Kelche.*

tragen sie Tonschüsseln – was an ihr Gewerbe, das Töpfern, erinnert – und Palmwedel des Martyriums. Zu ihren Füßen liegt ein Götzenbild in Scherben. Ein Löwe leckt die Füße Rufinas. Dieses 1871 in Sevilla ausgeführte religiöse Thema ist eines der perfektesten Werke des unsterblichen aragonischen Malers.

Bedeutend sind auch die anderen Gemälde: Über dem Eingang hängt ein *Kruzifix*; rechts: *hl. Anna, Maria mit dem Kinde* (Juan Bautista Caracciolo, XVI. Jh.), *Johannes der Täufer* (Zurbarán, 1640), *Befreiung Petrus' durch einen Engel* (Valdés Leal, 1656), *Hl. Dreifaltigkeit* (Luis Tristán, 1624), *Kalvarienberg des*

„Es reicht wenn ich dir sage, daß seine Osterkerze 84 Arroben Wachs wiegt, und der Leuchter für die Rumpelmette, von beachtlicher Größe, aus Bronze ist und so voller Prunk und Kunst, daß er, selbst wenn er aus Gold wäre, nicht so viel gekostet hätte."
(Luis Vélez de Guevara: *Der hinkende Teufel*).

Oben: Gnadenchristus *in der St.-Andreas-Kapelle. Rechte Seite: Hauptsakristei.*

Die 1528 von Diego de Riaño entworfene Hauptsakristei ist eines der großartigsten Werke der spanischen Renaissance. Ihre Struktur auf einem Grundriß in Form des griechischen Kreuzes, unter einer Kuppel mit Hängezwickeln und Fächergewölben über den Kreuzarmen, ist eine Errungenschaft reinster klassischer Architektur, allerdings mit reicher Ornamentik versehen.

Stifters (Juan Sánchez II., XV. Jh.), *Anbetung der Könige* (Jacobo Jordaens, 1669), *Gloria* (Juan de Roelas, 1615), *Rosenkranzjungfrau* (Zurbarán-Schule, XVII. Jh.), *Schutzengel* (Mattia Preti, 1660), eine *Pietà, hl. Vinzenz, hl. Michael und der Stifter* (Juan Núñez, 1480), *Beschneidung Jesu* (Jacobo Jordaens, 1669), *Lazarus mit Martha und Maria* (V. Leal, 1658), *hl. Hieronymus* (Legot, 1640), *hll. Justa und Rufina*; links: *hl. Petrus* (Pedro Fernández de Guadalupe, 1528); von Alejo Fernández ein Triptychon: *Geburt Mariens* (1508), *Darbringung im Tempel* (1500) und *Begegnung unter der Goldenen Pforte* (1508) sowie die *Anbetung der Könige* (1508); *Maria zwischen Petrus und Hieronymus* (J. Sánchez de Castro, XV. Jh.). In den beiden Kapellen im Hintergrund sind zwei Elfenbeinkreuze ausgestellt, ein Marienbild und Kredenzschalen, die linke aus vergoldetem getriebenem Silber wird *Fuente de Paiva* genannt und ist von beiden Seiten her ziseliert (XVI. Jh.). Die andere gehörte Kardinal Delgado y Venegas (XVIII. Jh.). In den Vitrinen werden Kelche verwahrt – einige aus Gold und mit wertvollen Steinen versehen –, außerdem sehen wir das *Reliquiarium des hl. Emilian* und einen Becher mit Filigranarbeit (Mexiko, XVI. Jh.)

St.-Andreas-Kapelle. Unter einem roten Baldachin erhebt sich die Figur des *Allerheiligsten Gnadenchristus*, weltweit eine der schönsten Skulpturen, eine in meisterhafter Perfektion gearbeitete barocke Kreuzigungsfigur von Martinez Montañés, ein Bildnis erhabener Größe, bei dem Religiosität und Kunst miteinander verquickt wurden: Ein perfekter Körper, ohne Blutspuren, mit nur den notwendigen Anzeichen des Leidens. Behutsam umhüllt ein Schamtuch seine Nacktheit. Es ist das Bild des barmherzigen Jesus; seine Augen richten nicht, sondern sind die Augen des Retters.

Hier treffen wir auch auf die *Virgen del Buen Aire*, Schutzpatronin der Schiffsreeder, der Kapitäne und der Seefahrer auf der Strecke der Westindischen Inseln und Muttergottes unzähliger Priester und Seminaristen, die ihr zu Füßen herangezogen wurden. Juan de Oviedo el Mozo erstellte sie als Hochrelief (1600) und Pedro Duque Cornejo machte aus ihr dann eine freistehende Plastik. Er fügte auch den Kopfschmuck, den Umhang, den Sockel mit den sieben Engeln und die Wolken hinzu. Die Kronen, der Halbmond und die Karavelle stammen von dem Goldschmied Juan de Garay (1721-1725). Gut ausgeführte Gemälde schmücken die Kapelle. Direkt an die Mauern gebaut und vor der Brüstung des Gitters sind vier gotische Marmorgrabmale erhalten. Auf ihnen ruhen die Figuren dreier nobler Herren und einer Edelfrau aus der Familie Pérez de Guzmán y Ayala. Es sind die ältesten Grabmale (XIV.-XV. Jh.) hier; sie stammen noch aus der Moschee-Kirche.

Oberhalb der Kapelle: Fenster (40) *Abendmahl*, von Arnao de Flandes, 1555.

Hauptsakristei und Kapitelräume. Hinter der wundervollen Gittertür befindet sich ein Vorraum, in dem eines der großen Chorbücher ausgestellt ist. Die Kathedrale besitzt mehr als dreihundert davon, koloriert von den besten Miniaturisten seinerzeit (XV.-XVIII. Jh.). An der Wand links hängt ein *hl. Antonius* (Zurbarán oder aus seiner Schule). Der Raum ist beinahe zugestellt durch zwei riesige Holzschränke mit Reliefschnitzereien, Darstellungen biblischer Szenen und Frauenfiguren (Duque Cornejo, 1743).

Diese Sakristei ist mehr als nur der Umkleideraum für die Zelebrierenden der Messe. Es handelt sich tatsächlich um eine Kirche innerhalb der Kathedrale, mit ihrem Altar und Presbyterium. Riaño begann (1528) mit dem Bau und Gainza beendete ihn (1547). Auf den beiden Portalen – wahre Kunstwerke – sehen wir Reliefs der *hll. Isidoro, Leandro, Justa und Rufina* und vier Medaillons

Hauptsakristei.

„Ich darf die Sakristei nicht verlassen, ohne vorher von der berühmten Silber-Kustodie von Juan de Arfe gesprochen zu haben. (...) Sie ist zweifelsohne eine der besten in ganz Spanien und wurde von dem Künstler mit der größten Hingabe geschaffen, in sieben Jahren. Man sagt, ihr Preis belief sich, zwischen Silber und Ausarbeitung auf 25.441 Dukaten, sechs Reales, und 25 Maradevís, und sie wiegt zehn Arroben Silber.
(Antonio Ponz: *Reise durch Spanien*).

mit den *Evangelisten*. Auf der Rückseite prangen in Sechsecken *Häupter von Propheten, Tugenden und Cherube* (Diego Guillén Ferrant, 1548-1549). Ornamente in Kassettenform, auf denen wir die damals üblichen Speisen betrachten können, zieren den plateresken Spitzbogen des Eingangs. Der Grundriß, in Form eines griechischen Kreuzes, beträgt in Länge und Breite 18m, und die Kuppel erhebt sich 33m darüber. Auf einer Estrade stehen Pfeiler mit bearbeiteten Pilastern, die in einem ornamentalen Fries enden. Darüber staffeln sich in drei Stufen Reliefs, die in Katechesenform über das Menschenschicksal berichten: Im unteren Bereich sind die Verdammten dargestellt, über die sich der *richtende Christus* erhebt, flankiert von der *Jungfrau Maria*, *Johannes dem Täufer* und dem *Himmlischen Gericht*; in der Laterne erscheint die *Dreifaltigkeit* als höchste Rettung; und im Gewölbe, *betende Selige*.

An der Stirnseite stehen drei Altäre mit ihrem Presbyterium. Im Gewölbe über dem mittleren Altar ist ein Relief mit dem Motiv *Mariä Himmelfahrt* zu

Links: Kuppelgewölbe der Hauptsakristei. Rechts: Hl. Teresa, *von Zurbarán, in der Hauptsakristei.*

bewundern, während die beiden anderen Kassettenornamentik aufweisen. Diese Altäre beinhalten drei einmalige Gemälde: Die *Kreuzabnahme Christi*, von Pedro de Campaña (1547), ein in seiner Komposition und von seinen Figuren her dramatisches Ölgemälde auf Tafel. Man erzählt sich von Murillo, er sei so sehr in die Betrachtung dieses Bildes versunken gewesen, daß er, als man ihn zum Gehen aufforderte, sagte: „Wartet, bis man ihn ganz heruntergeholt hat." Auf den beiden anderen Altären sehen wir zum einen *Santa Teresa de Jesús*, von Zurbarán, und zum anderen *Martyrium von San Lorenzo*, von Lucas Jordán, zwei unübertreffliche Gemälde. In den Altären waren bis zum XIX. Jh. Reliquien verwahrt. Heute sind in den Schreinen ein Kruzifix aus Elfenbein, zwei silberne Lesepulte, Bildnisse des Jesuskindes, kleine Engel, Paxtafeln, Hostienkelche und Kreuze untergebracht. Besonders zu erwähnen ist das *Haupt Johannes' des Täufers*, von Juan de Mesa, aus bemaltem Holz (1625) und die silberne Kredenzschale mit Emailarbeiten (XVIII. Jh.).

An den klar strukturierten Seitenwänden hängen weitere Meisterwerke: *San Leandro* seitengleich mit *San Isidoro*. Es waren Aufträge seitens des Domkapitels an Murillo, der diese Sakristei damit noch prächtiger machte (1655). San Isidoro liest in sich versunken, während San Leandro eine Aufforderung zeigt, auf der zu lesen steht: „Glaubet, Ihr Goten, er ist im Wesen eins mit Gottvater", womit auf den Arianismus angespielt wird, den er bekämpft hatte. Weitere Gemälde zeigen eine *Pietà* (Francisco Bayeu, 1788), die *hll. Justa und Rufina* (Miguel de Esquivel, 1620), die *Vision des hl. Franziskus in der Portiunkula* (Juan Sánchez Cotán, 1620), die *Erscheinung Christi vor dem hl. Ignatius* (Alonso Vázquez, 1595) und das *Mariengnadenbild Virgen de la Merced* (Juan de Roelas, 1621).

Außerdem sind in diesem Raum vielerlei Kirchenschätze ausgestellt.

In der Mitte steht eine *Große Kustodie*, von Juan de Arfe y Villafañe (1580-1587), der sie selbst als „das größte und beste Stück aus Silber, wie es

Teresa de Jesús kam am 26. Mai 1575 nach Sevilla und blieb dort etwas länger als ein Jahr. Dort gründete sie eine ihrer Stiftungen, die viele Schwierigkeiten und Ärgernisse bereitete, was aber das Domkapitel nicht daran hinderte, nach ihrer Heiligsprechnung, 1622, Zurbarán zu beauftragen, ihr Bildnis zu malen, das zu einem der beliebtesten der Heiligen wurde.

Oben: Prozessions-Kustodie, von Juan de Arfe. Rechts: San Fernando, *von Pedro Roldán.*

„Vor allem die Silber-Kustodie, die ich auf Geheiß Euer Gnaden geschaffen habe und vollendet zu Gottes Ruhm für die Heilige Kirche. Und weil es das größte und beste Silberstück ist, das man in dieser Art kennt, wollte ich allen die Nachricht über seine Form und sein Äußeres geben und seine wunderbare Zierde kundtun, wie sie mir der Gelehrte Francisco Pacheco auf Euer Geheiß hin angetragen hat, und der, damit sie sehr schicklich und wohlanständig aussehe und große Bedeutung erlange, sie dem Äußeren der Katholischen Kirche angeglichen und an allen Teilen Geschichten, Figuren und Bilderschriften eingefügt wissen wollte.
(Juan de Arfe y Villafañe).

dieserart bekannt ist" bezeichnet hat. Sie ist 3,90m hoch, wiegt an die 475kg und besteht aus vier Teilen mit je 24 Säulen. Die gesamte Lehre über die Eucharistie ist darin enthalten: Der erste Teil, in ionischem Stil, zeigt die kämpferische Kirche in 36 biblischen Szenen und sechs Heiligenfiguren um die Madonna der Unbefleckten Empfängnis herum (ursprünglich war es eine Darstellung des Glaubens; die Jungfrau mit den Lilienkrügen wurde später hinzugefügt; Juan Segura, 1668). Der zweite Teil, in korinthischem Stil, ist eine Lobpreisung der Eucharistie, angedeutet in sechs Flachreliefs mit Opferszenen aus dem Alten Testament und mit der kleinen Hostienmonstranz in der Mitte, umgeben von beim Volk beliebten Heiligen. Der dritte Teil, in gemischtem Stil,

Schlüssel der Stadt.

symbolisiert die triumphierende Kirche. Das Opferlamm der Apokalypse in der Mitte ist von Medaillons, die auf das Opfer Christi anspielen, und Heiligenfiguren umgeben. Und der letzte Teil, ebenfalls gemischten Stils, zeigt die Dreiheiligkeit, Ursprung und Ziel allen Heiles, im Glauben gipfelnd, der ganz oben mit dem christlichen Banner dargestellt ist. Auch die kleineren Verzierungen haben ihre eucharistische Bedeutung: Kinder, Vögel und Weinreben. Dieses ikonographische Programm stammt von dem Kanoniker Francisco Pacheco. Die Seiden- und Silberstickerei des Behanges stammt aus dem XVIII. Jh.

Prozessionsfigur San Fernando. Pedro Roldán, ein Bildhauer aus Sevilla, hat sie im Auftrag des Domkapitels, anläßlich der Heiligsprechung des Königs (1671) angefertigt. Das Podest für die Prozession ist aus Silber und wird an Christi Himmelfahrt durch die Straßen Sevillas getragen.

Prozessionsfigur Unbefleckte Empfängnis. Sie wird, „Concepción Chica" (Kleine Empfängnis) genannt und stammt von dem sevillanischen Bildhauer Alonso Martínez (1658). Auch sie tritt an demselben Tag in Erscheinung.

Los Gigantes sind zwei von vier Kandelabern und werden ihrer Größe wegen so genannt. Wir haben ziselierte Silbertreibarbeit vor uns (Hernando de Ballesteros el Mozo, 1579-1581).

Erste Vitrine: Sechs doppelte Silberreliquiare (Francisco de Alfaro, 1600). *Reliquienschrein des hl. Christophorus*, aus vergoldetem Silber – mit dem oberen sechseckigen Teil aus dem XIV. Jh., dem unteren dagegen aus dem XVII. Jh.. Das *Lignum Crucis* ist in einem kreuzförmigen Reliquiar aus Gold und Edelsteinen mit Emailverzierungen und wunderbaren Kameen untergebracht. Seine Basis besteht aus einer Pietà und fünf kleinen Goldfiguren, und im ausgehöhlten Fuß sind Motive der Auferstehung und die Wappen des Stifters

Die Almohaden-Dynastie – *al-muwahhiddun*, „Die die Einheit Gottes verkünden" –, Mitte des XII. Jh. in Marokko durch den berberischen Religionsreformator Ibn Tumart begründet, kennzeichnete den politischen, wirtschaftlichen und kulturellen Höhepunkt der maurischen *Isbiliyya*, die bis dahin im Schatten Córdobas gestanden hatte, aber auch ihren Untergang, am 23. November 1248, als der Kaid Axataf Fernando III. von Kastilien den Alcázar der Stadt übergab und ihm vielleicht – so ist es überliefert – dieselben Schlüssel überreichte, die heute im Kathedralenschatz von Sevilla verwahrt werden.

Hof der Öle.

Die Baumeister Diego de Riaño und Martín de Gainza hinterließen ihren Eindruck nicht nur in zahlreichen Werken des XVI. Jh., wie im Hof der Öle in der Kathedrale, sondern auch bei vielen anderen Gebäuden, dank derer Sevilla sich in die andalusische Avantgarde der Renaissance einreihte, die in Granada von Gil de Siloé eingeleitet worden war.

eingraviert. Ein weiteres eigenartiges Reliquiar ist das des *hl. Klemens*; seiner Form halber wird es „el Coco" (Kokosnuß) genannt. Die beiden letzteren stammen aus dem XIV. Jh..

Zweite Vitrine: Krüglein für die Heiligen Öle aus vergoldetem, getriebenem Silber (Antwerpen, 1564); *Waschkrug mit der Schlange*, aus vergoldetem, getriebenen, ziseliertem Silber, mit einer Schlange als Ausguß, einer emaillierten Echse als Griff und einem Drachen mit der Weltkugel als Deckel, ein portugiesisches Werk (XV. Jh.). Meßgewänder, wie die *lilafarbene Kasel*, die *weiße Dalmatik* und die *Spitzenalbe*, sind anschauliche Beispiele für die Aussteuer der Kathedrale, zu der mehr als 3.000 Stoffgewänder gehören: Umhänge, Kaseln, Dalmata, etc.

Dritte Vitrine: *Alfonsinische Tafeln*, ein romanisches Triptychon aus Lärchenholz, verkleidet mit vergoldetem Silber und Zierwerk aus Gold mit Einschlüssen aus Edelsteinen, Email und Kamafeen; auf der Vorderseite: Kassetten mit Reliquien hinter Bergkristall; auf der Rückseite: Wappenmedaillons und Reliefs mit *Mariä Verkündigung* und der *Anbetung der Könige*. Es ist über 18kg schwer und wird dem Goldschmied Juan de Toledo

Kapitelvorsaal.

Hernán Ruiz II. war die bedeutendste Figur der glänzenden Bauschule, die im XVI. Jh. in Sevilla blühte. Er wurde 1508 in Córdoba als Sohn einer Steinmetzfamilie geboren. Seine Lehrzeit mit seinem Vater in der Praxis der Bautechnik ergänzte er durch theoretische Kenntnisse der italienischen Klassiker. 1557 wurde er zum leitenden Baumeister der Bauhütte der Kathedrale von Sevilla ernannt. Dieses Amt hielt er bis zu seinem Tode, 1569, inne und vereinbarte es mit vielzähligen Aufträgen in derselben Stadt und anderen Orten in Andalusien. Seine Meisterwerke aber sind in der Kathedrale zu finden. Hier schuf er den Kapitelsaal und seinen Zugang, den Kapitelvorsaal, die Ehemalige Zahlmeisterei, den Glockenturm der *Giralda*, aufgesetzt auf das ehemalige Minarett der almohadischen Moschee, und er vollendete den Bau der Königskapelle.

zugeschrieben. Dieses Geschenk (1284) Alfons' X., des Weisen, ist eines der sehenswürdigsten und interessantesten Schätze der spanischen gotischen Goldschmiedekunst.

Schlüssel der Stadt: Der Legende nach sind es die Schlüssel, die König Axataf San Fernando übergab. Der kleinere, aus Schmiedeeisen, trägt arabische Inschriften; der andere, aus Silber, Inschriften in rabbinischem Hebräisch und Mönchslettern.

Vierte Vitrine: *Brustkreuz Klemens' XIV. mit Lignum Crucis.* Das Domkapitel versah das Geschenk des Papstes mit diesem reich geschmückten Reliquienschrein aus massivem Gold. Auf die Weltkugel wurde mit dem Stichel eine Weltkarte eingraviert (XVIII. Jh.). *Bischofskreuz, Ordensspange und Brillantring*, ein Geschenk von Isabel II. an den Kardinal Tarancón (XIX. Jh.); weitere Bischofskreuze und -ringe. *Vier Reliquientruhen*, von Hernando de Ballesteros el Viejo (1559); und weitere zwei von Manuel Guerrero (1730-1740).

Detail des Fußbodens im Kapitelsaal.
Reche Seite: Kapitelsaal.

Gewölbe des Kapitelsaales.

Hof der Öle. Dieser quadratische dreistöckige Bereich unter freiem Himmel ist das Werk Diego de Riaños und Martín de Gainzas (1529-1537). Auf drei Seiten bilden Säulenbogen Galerien mit Balustraden. Die vierte Seite entspricht der Fassadenmauer. Es entsteht der Eindruck vertikaler Kunst, da nur von oben das Licht in den Hofschacht fällt.

Hof des Domkapitels oder des Marschalls. Eine vorbildliche Lösung in der Baukunst Hernán Ruiz' ist dieser nach oben hin offene quadratische Raum, dessen Seiten mit Türen und Fenstern (auch einigen Blendfenstern) und dessen Giebel mit Darstellungen von Köpfen (darunter mag auch der Kopf des Künstlers sein) verziert wurden. Darüber verläuft ein Eisengeländer (1560-1570). In dem *Säulensaal* nebenan sind drei Prozessionskreuze ausgestellt: Das Renaissance-*Merino-Kreuz* aus vergoldetem Silber mit Goldemaillierung, Kamafeen und Jaspis (Francisco Merino 1587); das *Kreuz aus weißem Kristall*, aus vergoldetem Silber, Bergkristall und rotem und grünem Jaspis (Hernando de Ballesteros, XVI. Jh.); ein drittes Kreuz, ebenfalls aus vergoldetem Silber.

Oberhalb der Hauptsakristei: Fenster (41) von Arnao de Flandes (1556), *Die Austreibung der Kaufleute aus dem Tempel*.

Kapitelvorsaal. Von der Kapelle des Marschalls kommend, sieht man in diesem kleinen Vorraum einen runden Steinbogen mit Jaspissteinen, der in einem Giebelfenster endet, mit zwei Türflügeln. Links: Relief mit *Salomon* (Medaillon) und *Jesus* (Rechteck); rechts: *David* und die *Jungfrau Maria*. Diesen Kapitelvorsaal, verdanken wir Hernán Ruiz und Asensio de Maeda (1560-1582). Er wurde im Rechteck (12 x 6m) gebaut, mit einem auf eine quadratische Laterne zulaufenden Kassettengewölbe. Vier Türen sind in perfekter Symmetrie angeordnet, und eine weitere dient als Eingang zum Kapitelsaal. Der Boden ist mit schwarzem und weißem Marmor ausgelegt. Rundum verläuft eine Steinbank. Die ausgereifte Ornamentierung besteht aus verschiedenen Reliefs: In den Tympana der Türen sehen wir die *Vier Evangelisten*, Szenen aus *Noah und die Sintflut*; auf den seitlichen, von Marmorpilastern unterteilten Wänden, *zehn Episoden aus der Bibel und Allegorien* sowie acht Figuren der *Tugenden*, alles aus Marmor. Diese Dekoration stammt von Diego de Pesquera (1575-1580) und die Inschriften von dem Kanoniker Francisco Pacheco. Von diesem Raum sagte Ceán Bermúdez: „Der Kapitelvorsaal hätte von seiner Größe, seiner Gestaltung und seiner wunderbaren Ausstattung her gut ein Kapitelsaal der ersten Kathedralen Spaniens sein können."

Kapitelsaal. Ein gewundener Gang führt zu einem der beachtlichsten Räume spanischer Renaissance-Baukunst. Der Eingang, aus Jaspissteinen, ist innen mit Pilastern und einem dorischem Frontispiz und *Putten* verziert. Der ellipsenförmige Grundriß mißt an seiner längsten Stelle 14m und an der kürzesten 9m. Hernán Ruiz plante den Raum und begann mit der Ausführung (1558), die von Asensio de Maeda (1592) beendet wurde. Der Fußboden überrascht mit derselben Zeichnung wie sie Michelangelo für den Kapitolsplatz in Rom entworfen hat. Die Wand ist in genau abgegrenzte Bereiche gegliedert: Im unteren Bereich, dem der Sitzgelegenheiten, fällt als erstes der *Bischofssitz*, aus eingelegtem Mahagoniholz, verziert mit drei kleinen Figuren, ins Auge. Davor steht der *Tisch des Sekretärs* (Diego Velasco, 1529) und daneben eine *Steinbank* mit Kissen. Darüber verläuft ein dorischer, von Engeln gestützter Sims, und weiter oben ein Sockel mit *acht allegorischen Malereien* mit Inschriften, dazwischen *Giraldas und Lilienschalen*, das *Wappen der Kathedrale und ihres Domkapitels* (Pablo de Céspedes, 1529). Im

INVICEM HVMILITATEM
INSINVATE

Außenansicht der Alten Zahlmeisterei.

Las Gradas war die Bezeichnung für drei die Kathedrale umgebende Straßen mit den zur Kirche hin ansteigenden Stufen. Dort spielte sich im XVI. Jh. allerlei Handel ab: Markt-, Bank-, Liebesgeschäfte und Schandtaten aller Art ... dies alles direkt im Schatten der Kirchenmauern. 1565 entschied Erzbischof Cristóbal de Rojas, dem Treiben ein Ende zu setzen. Er brachte Philipp II. die Situation zur Kenntnis – dessen Erwiderung im Bau der herrlichen *Lonja de Mercaderes* (Warenbörse), heute Archiv Spanischamerikas endete – und ließ die Kathedrale mit Ketten umgeben.

zweiten Bereich, ionischen Stils, bilden halbe Säulen die Abgrenzung zwischen verschiedenen Hochreliefs. Die acht größten zeigen folgende Themen: *Mariä Himmelfahrt* (geradeaus), daneben: *Rauch aus dem Abgrund und Christus, Zeuge zwischen den Kandelabern, Austreibung der Händler aus dem Tempel* und *Allegorie des Letzten Gerichtes*; über dem Portal: *Das mystische Lamm* und zu seinen Seiten, *Engel mit Trompeten* und der *Engel mit Beinen wie Feuersäulen*. Juan Bautista, Vázquez el Viejo, Diego de Pesquera und Diego de Velasco

(1582-1584) waren die Schöpfer. Die kleinen Reliefs haben folgende Motive: *Mariä Himmelfahrt, Letzte Predigt Jesu, Daniel in der Löwengrube, Sturm auf dem See Genezareth, Der Sämann, Gebet am Ölberg, Vision des hl. Petrus, Fußwaschung* (Marcos Cabrera). Auf dem dunklen Marmor zwischen den Reliefs sind verschiedene lateinische Inschriften in vergoldeten Lettern (Francisco Pacheco) zu lesen. Über dem Sims dieses Wandfeldes erhebt sich, unterteilt in drei konzentrische Ellipsen, ein Kassettengewölbe mit sieben Rundfenstern, die, zusammen mit der Laterne, Licht einfallen lassen. Das Gewölbe beherbergt eine Gemäldesammlung von Murillo (1667). Eines seiner schönsten Bilder der *Unbefleckten Empfängnis* zieht den Blick auf sich. Im Kreis um sie herum sind acht (als sevillanisch angesehene) Heilige angeordnet: *San Hermenegildo, San Fernando, San Leandro, San Isidoro, San Laureano, Santa Justa, Santa Rufina und San Pío*. In der restlichen Kuppel wiederholt sich das Wappen des Domkapitels (Pedro de Medina Valbuena, 1668). Nach oben läuft sie auf eine elliptische Laterne auf korinthischen Säulen zu. Die Aufgabe des Domkapitels wird auf einer Tafel am Eingang umrissen: *Chor und Altar besorgen*.

Ehemalige Zahlmeisterei. Unter diesem Namen sind die damaligen Verwaltungsräume bekannt. Man betritt sie vom Kapitelvorsaal kommend. Der abgeflachte Eingangsbogen weist ein Bogenfeld auf (Hernán Ruiz, 1560). Den rechteckigen Grundriß (11 x 7m) überdeckt eine Kassettendecke mit vergoldeten Pinienzapfen. Hier sind vielzählige Schätze der Kathedrale ausgestellt. In der Mitte: *Kleine Kustodie* oder *Monstranz des Heiligen Dorns*, eine Arbeit aus ziseliertem, getriebenem Silber im Stil der Renaissance (Francisco de Alfaro, 1600), die an Christi Himmelfahrt in der Prozession mitgetragen wird; und das Modell für die große Kustodie, aus Holz, wie Juan de Arfe es 1580 dem Domkapitel vorgestellt hatte.

Hl. Josef, *von Pedro Roldán.*

Rechts neben dem Eingang, **Erste Vitrine**: Die *Kostbare Kustodie* aus Gold, Diamanten, zwei großen Perlen, Smaragden und Rubinen, ein sevillanisches Werk von Ignacio Thamaral (1729). Die *Große Kustodie* aus vergoldetem Silber, Smaragden, Diamanten und 1.500 Perlen, in Trauben angeordnet; italienischer Barock (1778).

Zweite Vitrine: *Schrein für den Hostienkelch am Gründonnerstag*, aus Gold und vergoldetem Silber (Luis Valadier, 1771) und, zum Öffnen desselben, *zwei Schlüssel mit Goldketten* (1807). *Weihrauchkessel und Räucherfaß aus Gold* (Antonio Méndez, 1791). *Mexikanische goldene Meßkännchen*; ein *getriebenes Silbertablett.*

Dritte Vitrine: *Zwei Amphoren, Krug und Tablett* aus getriebenem Silber.

Vierte Vitrine: *Alfonsinisches Kreuz und Leuchter,* gotisch, aus vergoldetem Silber, getrieben und ziseliert (1486-1502). *Pacem* in Form eines kleinen Altars, aus Gold und Edelsteinen und mit einer Muttergottes in Email (XVI. Jh.).

Die Hauptfigur in diesem Saal ist ein wunderschöner *hl. Josef*, aus geschnitztem, bemaltem Holz, von Pedro Roldán (1664).

Fünfte Vitrine: *Kronen der Königsmadonna und des Jesuskindes* in Gold, mit Perlen, Brillanten und Edelsteinen. Sie wurden in Sevilla anläßlich der kirchlichen Krönung angefertigt. Tablett aus getriebenem, vergoldetem Silber.

Sechste Vitrine: *Kreuzreliquiar* aus Gold, Emailarbeiten und Edelsteinen. Zwei *Paxtafeln* mit Christi Himmelfahrt und Mariä Himmelfahrt, aus ziseliertem, vergoldetem Silber (Ballesteros el Viejo, 1556). *Pacem der hl. Anna* aus ziseliertem, vergoldetem Silber (XVI. Jh.). *Pacem* in Form eines goldenen Tempelchens mit Emailarbeiten: In der Mitte, Maria mit dem Kinde, und auf

Pacem Philipps V. von Frankreich.

Die Heiligen Schutzpatroninen Justa und Rufina.

den Flügeln Philipp V. von Frankreich und Johanna von Burgund (Paris, gegen 1320). *Kredenzschale mit Wappen des Domkapitels*, aus vergoldetem Silber (Vicente Gargallo, 1700).

Siebte Vitrine: *Silbernes Altarkreuz* (XV. Jh.). *Kreuzreliquiar mit Lignum Crucis* (XVI. Jh.). *Reliquiar des hl. Klemens*: Goldkelch, dessen Trinkschale aus einem großen Achat besteht. Darauf ist in Gold der hl. Klemens abgebildet (1516).

Achte Vitrine: *Zwei Pokale mit Tellern*, ziseliertes Gold (Mexiko XVIII. Jh.). *Hostienkelch für den Gründonnerstag*, aus Gold, Diamanten, Smaragden und Rubinen (XVIII. Jh.). *Tablett* aus getriebenem, ziseliertem Silber mit vergoldeten Verzierungen und Wappen (1778). *Goldkelch* mit Brillanten.

Büste der *hl. Rosalie* aus getriebenem, ziseliertem Silber. Sie wiegt 42,250kg (Antonio L. Castelli, Palermo 1681), ein Geschenk des Erzbischofs Palafox aus dem Jahre 1688.

Kapelle des Marschalls. „Eine prächtige Kostbarkeit zur Zierde dieses Gotteshauses" (Gestoso). Klassisches und Schönheit, wo man auch hinsieht. Fällt das Gitter mit der *Grablegung* (M. de Gainza und Pedro Delgado, 1555) durch seine Schönheit in Auge, so tut es das Fenster mit dem *Verlöbnis Mariens mit dem hl. Josef* (Arnao de Flandes, 1556) nicht weniger. Beide unterstreichen noch die Pracht des gemalten Altarbildes (1555-1556): In der Mitte, *Mariä Lichtmeß*, ein Meisterwerk der Renaissance Spaniens, obwohl der Künstler Pedro de Campaña bzw. Peter Kampeneer war, ein Flame, der in dieser Kathedrale mitgewirkt hat. Die Komposition ist perfekt und die weiblichen Gesichter, die an jene Rafael Sanzios erinnern, sind unvergleichlich; Gewänder und Farbgebung tragen zur Formvollendung des Ganzen bei. Am Altar finden wir weitere, ebenfalls sehr wertvolle Werke: der *Zwölfjährige im Tempel* und daneben einige *Gemälde des Stifters und seiner Familie*, mit eindeutig flämischer Inspiration. Weitere Malereien sind: *Vision des hl. Ildefons*, *hl. Jakob*, *Santo Domingo* und *hl. Francisco*, mit einem Anhauch von Michelangelos Propheten in der Sixtinischen Kapelle. Im oberen Teil sehen wir eine *Auferstehung* und darüber einen *Kalvarienberg*. Das Altarbild wurde Pedro de Campaña von D. Diego Caballero, Marschall der Insel „La Española", in Auftrag gegeben, daher rührt auch der Name der Kapelle.

„Das Kapitel der Kirche von Sevilla trug Sorge, daß dieser Turm afrikanischer Bauart in bewundernswürdiger Gewichtigkeit, vormals 250 Fuß hoch, und geweiht der Ewigkeit; der großen Mutter, die uns Schutz gewährt; den heiligen Erzbischöfen Isidor und Leander; Hermenegild, dem glücklichen, frommen Prinzen; den Jungfrauen Justa und Rufina, in unberührter Keuschheit und tapferer Standhaftigkeit, den heiligen Schutzpatroninnen, kostspielig durch die Gunst und dank der Fürsprache von D. Fernando de Valdés, des allergütigsten Prälates, instand gesetzt wurde."
(Francisco Pacheco, 1568).

OSTKAPELLEN

Im Inneren, zu beiden Seiten des Portals, hängt jeweils ein Gemälde des *hl. Rochus* (A. de Alfián).

Altar der heiligen Schutzpatroninnen. Eine äußerst sevillanische Gruppe, *Santa Justa und Santa Rufina mit der Giralda* (Duque Cornejo, 1728). Die beiden hübschen Mädchen scheinen das Symbol der Stadt zu halten, zu liebkosen und zu beschützen. Dieser Altar wird an Fronleichnam durch die Straßen getragen.

Altar der hl. Barbara. Ein Retabel mit zehn interessanten Gemälden von Antonio Rodriguez (1545): Die *Hl. Familie mit einem Engel, der dem Kind Trauben anbietet*, darüber *Pfingstwunder* und seitlich, verschiedene *Heilige*, darunter auch die *hl. Barbara*. Einem Bild des *hl. Antonius* verdankt diese Kapelle den Namen „San Antonio Chico" (Kleiner hl. Antonius).

Über dem Glöckchenportal: Fenster des *hl. Christophorus* (42) (Arnao de Flandes, 1546).

Detail der Kapelle des Marschalls.

„Meister Peter Kampeneer, gebürtiger Flame, war ein Schüler und großer Bewunderer Rafael de Urbinos. Er lebte zwanzig Jahre in Italien und studierte in jenem berühmten Reich der Malerei. Das Ergebnis dessen gab er kund in Bolonia, als jene großartige Stadt sich anschickte, den siegreichen Kaiser Karl V., anläßlich seiner Krönung im Jahr 1530, mit den gebührenden Ehren zu empfangen. Meister Peter schuf dafür einen denkwürdigen Triumphbogen, der ihm Ruhm und Nutzen brachte, obwohl er erst 27 Jahre zählte. Nach einigen Jahren kam er nach Spanien, wo er sich in Sevilla niederließ und unvergängliche Werke vollbrachte, vor allem den Altar des Marschalls, im Eingang zu den Kapitelräumen jener Heiligen Kirche. Und besonders jene kostbare Darstellung Mariä Lichtmeß in der Kapelle des Marschalls, so gerühmt wie die Hand des Malers selbst." (Antonio Palomino: *El Parnaso Español Pintoresco Laureado*).

Kapelle der Großen Unbefleckten Empfängnis. Ursprünglich war der Titelheilige dieser Kapelle der hl. Paulus, wie es durch das innere Fenster (43) deutlich wird: *Bekehrung des Apostels* (Arnao de Flandes, 1550). Das großartige Retabel mit gewundenen Säulen (Francisco Dionisio de Ribas und Martín Moreno, XVII. Jh.) zeigt in der Mitte eine herrliche geschnitzte *Unbefleckte Empfängnis*, aus bemaltem Holz, flankiert von den *hll. Josef, Paulus, Gonzalo und Antonius von Padua*. Das *Kruzifix* gehörte zur ehemaligen Kapelle (XVI. Jh.). Darüber erscheint *Gottvater*, umgeben von Tugenden und Engeln. Die Figuren stammen von Alonso Martínez. Zur Linken erinnert eine Marmorsteinplatte an die Familie Sepúlveda, die diese Kapelle der Unbefleckten Empfängnis gestiftet hat. Im Gitter ist das Familienwappen (1654) zu sehen. An der rechten Mauerseite steht das *Grabmal des Kardinals D. Francisco J. Cienfuegos y Jovellanos* (1824-1847). Über einem Postament ragt die Tumba auf, mit der Liegefigur des Verstorbenen in

Oben: Standarten in der Königskapelle. Rechts: Königsmadonna. *Rechte Seite: Königskapelle.*

Die Königsmadonna, vermutlich französischen Ursprungs, war ein Geschenk Ludwigs IX., des Heiligen, für seinen Vetter Fernando III.. Die Figur ist aus Lärchenholz gefertigt und nur das Gesicht und die Hände der Madonna sowie der Kopf, die Beine und Füße des Jesuskindes sind geschnitzt und bemalt. Der Rest ist ein Gestell, überzogen mit Ziegenleder, verborgen unter der Bekleidung, die einen inneren Mechanismus verdeckte, mittels dessen die Figur Bewegungen ausführen konnte.

erzbischöflichem Ornat; Figuren der Tugenden, Engel und sein Wappen sind schmückendes Beiwerk (Manuel Portillo, 1881). Der Name *Große Unbefleckte Empfängnis* dient zur Unterscheidung von der Kleinen Unbefleckten Empfängnis in der Hauptsakristei.

Königskapelle: Marienallerheiligstes der Stadt. Hier waren in der Moschee-Kathedrale die sterblichen Überreste San Fernandos, seiner Gemahlin, Beatrix von Schwaben, seines Sohnes, Alfonso X., des Weisen, sowie anderer königlicher Persönlichkeiten zur letzten Ruhe gebettet. Die Tatsache, daß die Kapelle als königliches Pantheon diente, ist für ihre Geschichte verantwortlich. Erst 1433, mit Juan II., durfte man die königlichen Sarkophage von der Stelle bewegen, um die Konstruktion der jetzigen Kapelle zu ermöglichen. Martín de Gainza entwarf sie und begann (1541) mit dem Bau, der von Hernán Ruiz weitergeführt und von Juan de Maeda beendet wurde. Die Mitteilung darüber seitens des Domkapitels an Felipe II. datiert vom 19. Juli 1575. Die Verstorbenen wurden am 13. Juni 1579 zurücküberführt.

P·E·R·M·E·R·E·G·E·S·R·E·G·N·A·N·T

Kuppelgewölbe der Königskapelle.

„Über dem Simswerk erhebt sich die Kuppel [der Königskapelle], in deren Kassettierung die Büsten der Könige Kastiliens angeordnet sind, und zur ringförmigen Öffnung hin, immer kleiner werdend, Seraphinköpfe. Die Laterne ist mit Pilastern ausgeschmückt und ihre Höhe, vom Fußboden bemessen, beläuft sich in etwa auf 130 Fuß."
(Antonio Ponz: *Reise durch Spanien*).

Das riesengroße Gitter (Sebastian van der Borcht, 1755), ein Geschenk Carlos III. (1771), zeigt ganz oben den Empfang der Stadtschlüssel durch San Fernando, eine bleiverkleidete Holzschnitzerei (Jerónimo Roldán). Die Kapelle, mit der an das Heilige Grab in Jerusalem und das Pantheon in Rom erinnert werden soll, hat einen quadratischen Grundriß mit einer halbrunden Stirnseite, in der Art einer Apsis. Acht verzierte Pilaster gliedern die Wand in sieben Abschnitte: Da ist der *Thron der Madonna*, flankiert von dem *hl. Petrus*, dem *hl. Paulus* und den *Vier Evangelisten*, etwas unterhalb die *hll. Isidoro, Leandro, Justa und Rufina*; zwei Kapellen mit Emporen, in deren Bogen Medaillons mit den *Häuptern von Garci und Diego Pérez de Vargas*, Vertraute San Fernandos, zu sehen sind; und in den äußeren Abschnitten stehen die *Königsgräber*. Rundum verläuft ein Fries mit lanzen- und hellebardentragenden Knaben. Die Kassettenkuppel darüber, mit Königshäuptern im Relief, gipfelt in einer Laterne. Bei der Ornamentik fallen vor allem die *Zwölf Könige von Juda* (Eingangsbogen) ins Auge und eine Skulpturentheorie, die nach dem Zenit zu streben scheint, als würde sie von innen heraus angetrieben (Apsis). Die Heiligenschnitzereien von

Pedro de Campaña und Diego de Pesquera, wurden von Pedro Campos und Lorenzo de Bao (1571-1574) vollendet. Unter einem Silberbaldachin („*Per me reges regnant" – Durch mich regieren die Könige*) auf ihrem Thron (1806) sitzend, hält Unsere Liebe Frau von Sevilla, die *Königsmadonna*, ihren Sohn auf den Knien. Ihre Maße betragen 1,76 und 0,64m. Arme und Hände dieser Ankleidefiguren aus Lärchenholz sind mit Gelenken versehen und die sichtbaren Teile farbig bemalt. Die Muttergottes stammt aus der Übergangszeit zwischen Romanik und Gotik und strahlt die Würde einer Königin aus, ohne dabei steif zu wirken. Von überraschender Natürlichkeit ist das Antlitz des Kindes, mit seinem schelmischen Lächeln und gekräuselten Haar. Man nimmt an, daß die Gruppe San Fernando gehörte, der sie der Kathedrale schenkte. Sie stand immer in dieser Kapelle und wurde am 4. Dezember 1904 kirchlich gekrönt. Oberhalb des Altars befindet sich ein Relief mit der *Vision des Isaias*, darüber *Gottvater*. Das Antependium des Altars und die Seitentische sind silberverkleidet (Villaviciosa, 1739), und die Kerzenständer mit dem Doppelkopf-Adler kommen aus Peru.

Der Sarkophag enthält die sterbliche Hülle San Fernandos, die vor kurzem einbalsamiert, gereinigt und rekonstruiert wurde. Er trägt ein Königsgewand und hält in den Händen den Amtsstab und ein Schwert. Der Sarkophag (Juan Laureano de Pina, 1665-1719), ein Geschenk Philipps V., ruht auf dem Marmorpostament des ehemaligen Grabmals, auf dessen Seiten in Arabisch, Hebräisch, Lateinisch und Spanisch die Lobrede eingraviert ist, die Alfonso X. seinem Vater gewidmet hat: „Der Redlichste, der Wahrhaftigste, der Freimütigste, der Kühnste, der Stolzeste, der Vornehmste, der Ergebenste, der Demütigste, der Gottesfürchtigste und größte Gottesdiener (...), und er hat die Stadt Sevilla erobert, das Haupt von ganz Spanien..."

Das Antependium des freistehenden Altars trägt eine Silberverkleidung, angefertigt von den Sevillanern Resiente und Villaviciosa, und ist aus derselben Zeit wie das Grabmal selbst. Unter dem Sarkophag ist eine kleine Krypta angelegt, wo die Reste anderer königlicher Persönlichkeiten ruhen. Eine Sitzfigur, die *Jungfrau der Kriegsschlachten* (XIII. Jh.), Begleiterin San Fernandos während seiner Feldzüge, wacht über sie.

Die monumentalen *Grabmale Alfonsos X., des Weisen, und seiner Mutter Beatrix von Schwaben* sind von großen verzierten Bögen aus der Renaissance (XVI. Jh.) eingerahmt. In betender Haltung blicken beide Figuren zum Altar hin; ihre Gesichter sind aus Alabaster, der Rest aus Marmor. Sie wurden 1948, anläßlich der 700-Jahr-Feier der Eroberung Sevillas, von Antonio Cano Correa und seiner Gattin (Königsfigur) und Juan Luis Vasallo Parodi (Figur der Königin) gestaltet. Am Eingang der Kapelle stehen zwei geschmackvoll ausgearbeitete Weihwasserbecken (XVIII. Jh.). In den Seitenkapellen befindet sich das Chorgestühl der Geistlichen des Königs, die Sakristei und ein kleines, San Fernando gewidmetes Museum.

Oberhalb der Königskapelle, zwei Glasfenster: *Die Evangelisten* (44) (1547) und *Jesus mit dem Kreuz* (45) (1535) von Arnao de Flandes.

St.-Petrus-Kapelle. Ein extrem schlichter Altaraufbau (XVII. Jh.) zeigt eine unvergleichliche Gemäldesammlung Zurbaráns, zu Ehren des Titelheiligen der Kapelle: *Hl. Petrus, Pontifex Maximus* und zu seinen Seiten, *Petrus und das Gesicht der unreinen Tiere* und *Reue*; darüber, eine unübertreffliche *Unbefleckte Empfängnis*, daneben die *Begegnung mit Christus* und die

Madonna der Kriegsschlachten.

Diese kleine geschnitzte Elfenbeinfigur, Symbol der Mäßigung, die Madonna der Kriegsschlachten, gehörte Fernando III., der sie während seiner Feldzüge stets am Sattelbaum oder am Königsbanner mit sich führte. Man weiß, daß sie während der Belagerung Sevillas im Andachtsraum des Königs stand und einen Ehrenplatz bei dem triumphalen Einzug in die Stadt einnahm.

Geständnis des Hl. Petrus, *von Zurbarán.*

Befreiung des hl. Petrus. Über dem Altar sehen wir drei weitere Szenen: *Petrus, auf den Wassern wandelnd*, die *Schlüsselübergabe* und die *Heilung des Lahmen,* und ganz oben, *Gottvater* (Kopie). Auch die beiden Fenster spielen auf den *Titelheiligen* an: Oberhalb des Altars, *hl. Petrus als Bischof* (Arnao de Flandes, XVI. Jh.) und links, *Päpstliche Insignien* (1784), welche auch im Gitter (Fray José Cordero, 1780) zu finden sind. Weitere Gemälde mit Themen über den Orden de la Merced, von Juan Luis Zambrano, und zwei andere, mit Motiven aus dem Leben des hl. Petrus, vervollständigen dieses kleine Museum. Zur Linken befindet sich das *Erzbischöfliche Grabmal von Fray Diego de Deza* (1504-1523). Unter einem Bogen ruht die Figur des Prälats in seinem Ornat, mit einem Löwen zu seinen Füßen. Es stammt aus dem Colegio Mayor de Santo Tomás aus den Jahren kurz nach seinem Tode. In dieser Kapelle sind auch die *almohadischen Türklopfer* des Verzeihungsportals ausgestellt.

Francisco Zurbarán (1598-1664), aus Estremadura, lebte und wirkte die meiste Zeit seines Lebens in Sevilla, wo er als Maler religiöser Themen großes Ansehen erlangte und seine besten Werke schuf, Aufträge der vielen kirchlichen Institutionen Sevillas.

Palos-Portal. Hier verdient das wunderbare und außergewöhnliche Fenster (46) besonders erwähnt zu werden, in dem der *hl. Sebastian* als Carlos V. mit seinen Insignien erscheint (A. de Vergara, 1535). Oberhalb des Portals sehen wir ein Gemälde desselben Heiligen (Antonio Alfián, XVI. Jh.).

Mariä-Himmelfahrt-Altar. Dieses Thema ist zu beiden Seiten des Portals reliefartig dargestellt, mit *San Ildefonso* und *San Diego de Alcalá* (Alonso Vázquez, 1539).

Links: Hl. Petrus, *von Zurbarán.*

Rechts: Hl. Petrus als Pontifex Maximus, *von Zurbarán.*

Altar der Magdalena. Bei diesem Altar mit neun Tafelgemälden aus der Schule von Alejo Fernández (XVI. Jh.) fallen im unteren Teil vor allem *Magdalena mit der Erscheinung Jesu* und die *Stifter* auf, und oben, *Mariä Verkündigung*.

Hinter dem Altar sehen wir zwei Fenster von Arnao de Flandes: *Die Evangelisten* (47) (1547) und *Jesus mit dem Kreuze* (48) (1535).

EINE KATHEDRALE IN DER KATHEDRALE

Der Altarraum ist eine eigenständige Einheit, abgeteilt vom Rest der Kathedrale durch eine Mauer aus bearbeiteten Quadersteinen, mit exzellent ausgeführten gotischen Figuren aus gebranntem Ton, und ein großes Gitter (1522-1575). Miguel Florentín begann (ab 1522) mit dieser Abtrennung, später arbeiteten Juan Marin (1564) und Diego de Pesquera (1571) daran. Im Mittelfeld stehen achtzehn Statuen und an den Seiten sechzehn. Der mittlere Teil (gegenüber der Königskapelle) wird von dem wunderschönen Bildnis beherrscht,

„Einige Köpfe von Alten, wie der hl. Petrus von Sevilla (...), erinnern an Figuren, wie sie Ribera immer wieder darstellte. Aber in Wirklichkeit hat sich Zurbarán alles selbst zu verdanken. Er ist einzigartig und steht allein."
(J. Lassaigne).

Oben: Die „Seises" vor dem Hochaltar.
Rechte Seite: Kreuzschiff.

Der Kinderchor, die „Seises", ist eng mit der Kathedrale Sevillas verbunden, wo er seine Gesänge und Tänze anläßlich hoher Feiertage seit seiner Gründung 1439 darbietet. Seine heutige Tracht und das Liedgut stammen aus dem XVI. Jh.; denn vorher sang er in Hirtentracht Weihnachtslieder, mit dem Tamburin als Begleitung.

Madonna der Ruhe mit dem schlafenden Kind an ihrer Brust. Vor allem die schwangeren Frauen Sevillas haben ihr immer Verehrung geschenkt. Diese 1,53m große Figur ist ein Werk Miguel Perrins (1540). Auf einer Seite der Madonna stehen drei Statuen, auf der anderen vier, „weil die gotischen Architekten ihr Augenmerk nicht speziell auf ein Ebenmaß richteten" (Ceán Bermúdez).

Lettner. Das Presbyterium wird von drei Renaissancegittern aus vergoldetem Schmiedeeisen abgetrennt, jedoch nicht verdeckt. Das mittlere – entworfen von Bartolomé de Jaén und ausgeführt von Fray Francisco de Salamanca (1524-1528) – wird von sechs auf Sockel gestellten korinthischen, reliefgeschmückten Säulen aufgegliedert. In der Mitte des ersten Frieses, mit durchbrochenem Zierwerk und Engeln, befindet sich ein Medaillon mit dem Antlitz *Christus des Retters*; im zweiten Fries, *Fünf Propheten* und darüber, zwischen Kandelabern, Flammen und kleinen Engeln, eine schmiedeeiserne *Grablegung Jesu*; ganz oben erhebt sich das Kreuz. Zu beiden Seiten steht je eine Kanzel auf Marmorsockel und Eisensäulen, von denselben Künstlern geschaffen. Die beiden seitlichen Gitter sind älteren Datums: Auf niedrigen gotischen Mauern streben Pilaster nach oben und enden in mit Flammen und

Retabel des Hochaltars.

Beinahe ein Jahrhundert lang zog sich die Schaffung des Retabels im Altarraum hin. Deshalb ist an ihm die Entwicklung der sevillanischen Bildhauerkunst jener Zeit zu verfolgen. 1481 begann Pyeter Dancart damit im Stil der Gotik. Anfang des XVI. Jh. übernahmen die Brüder Jorge (Bildhauer) und Alejo Fernández (Maler) das Werk. In dieser Phase macht sich bereits der Einfluß der italienischen Renaissance bemerkbar. Vollends im Renaissancestil ist die seitliche Erweiterung des Retabels durch Roque de Balduque, Mitte des XVI. Jh.. Nach seinem Tod, 1561, wurde das Werk von Juan Bautista Vázquez weitergeführt, dessen Stil bereits als Vorläufer der großartigen Barockschule angesehen wird, die im folgenden Jahrhundert ihre Blüte erreichen sollte.

Kandelabern durchbrochenen Friesen (Sancho Muñoz und Diego de Huidobro, 1518-1523). Neben diesen Gittern hängen zwei riesige Silberleuchter.

Hochaltarretabel: Es ist zwar nicht im Guinness-Buch erwähnt, aber es handelt sich um die größte existierende Fläche aus bemaltem Holz: 18,20m breit und 27,80m hoch, in der Form eines gigantischen Triptychons, darüber zum

Die Geburt Christi, *Detail des Altarwerkes.*

Schutz ein Baldachin und ganz oben, auf einem Querbalken, ein einzigartiger *Kalvarienberg*. Von dem Flamen Pyeter Dancart stammt der Entwurf, und er begann mit dem Werk (1481-1488). Seine Nachfolger waren Meister Marco, Pedro Millán und die Brüder Jorge und Alejo Fernández, Bildhauer und Maler; Roque de Balduque und Juan Bautista Vázquez el Viejo. Am 17. Januar 1526 war der Altar vollendet. Die Seitenteile wurden später erstellt (1549-1564).
Es handelt sich um ein gotisches Schnitzwerk aus Nußbaum-, Lärchen- und Kastanienholz. Der mittlere Teil ist in sieben vertikale und fünf horizontale Bildreihen aufgeteilt, davon ist die unterste kleiner. Hier sehen wir drei geschnitzte Gruppen mit Ansichten von Sevilla. In der mittleren Reihe sind, von unten her, zu bewundern: Die *Geburt Christi*, *Mariä Himmelfahrt, Auferstehung* und *Christi Himmelfahrt.* Die anderen Bilder folgen, ganz unten rechts beginnend, einer horizontalen Reihenfolge mit einer Lehre über das Leben Jesu. Auf den Seitenflügeln sehen wir, unter anderen biblischen Darstellungen, weitere Szenen aus dem Leben des Herrn. Im ganzen sind es 44 Hochreliefs. Auf den Pilastern stehen 189 kleine Skulpturen, von denen einige wirklich bemerkenswert sind. Der riesige Baldachin besteht aus Kassettenwerk und

1979 wurde der Altaraufsatz gründlich restauriert, um den besorgniserregenden Zustand zu beheben, in den er durch die Jahre und den Holzfraß geraten war.

Modell von Sevilla, *detail des Altarwerkes.*

„Und es ist Sevilla die Bestgeschützte, ohnegleichen in ihrer Schlichtheit diesseits und jenseits des Meeres. Und ihre Mauern erheben sich hoch und stark und sehr breit; hohe und gut verteilte Türme, groß und von sehr guter Machart; wie gut auch eine andere Stadt befestigt sein möge, schon allein ihre Brustwehr ist die beste."
(Alfons X., der Weise: *Primera Crónica General*).

endet oben in einem *Apostelbild*. In der Mitte ist die *Schmerzensreiche Muttergottes* mit dem Leichnam Jesu und den Heiligen Frauen (Jorge und Alejo Fernández) dargestellt. Ganz oben, über diesem Wald aus polichromem Holz, ragt der *Christus der Millionen* auf, ein Gekreuzigter zwischen der Muttergottes und dem hl. Johannes. „Ein erhabenes Stück, sowohl von seinem Entwurf, seiner Ausarbeitung, seiner Größe, Zusammensetzung, seiner Polichromie und seiner religiösen Ausstrahlung her, mit dem der scholastische Naturalismus, bezeichnend für die Hochgotik, dramatisch zum Ausdruck kommt." (José Hernández Diaz). Nicht genau bekannt ist, woher der Ursprung des Namens rührt; vielleicht von den vielen Gnadenbezeugungen oder der Verzeihung, die durch das Gebet zu ihm gewährt wurden. Die vollendete Ausführung aller Figuren, sogar der entferntesten, ist bewundernswert; fast miniaturistisch nehmen sich die Verzierungen aus. Bei den Seitenflügeln sollen die Szenen aus der *Schöpfungsgeschichte* und dem *Paradies*, von Juan Bautista Vázquez el Viejo (1561-1563) besonders erwähnt werden.

Virgen de la Sede (Madonna der Kathedrale von Sevilla). In der Mitte des unteren Teiles beherrscht die *Titelheilige* dieser Kirche den Altar. Die Sitzfigur

Links: Madonna der Kathedrale von Sevilla. *Rechts: Lesepult am Hochaltar.*

mit strahlend schönem Antlitz hält einen silberverzierten Kristallapfel in der Hand, während das Jesuskind den Weltkreis segnet. Wir haben ein Meisterwerk der spanischen Bildhauerkunst aus dem Mittelalter (XIII. Jh.) vor uns, geschnitzt aus Zypressenholz, die sichtbaren Körperteile bemalt und der Rest mit getriebenem und ziseliertem Silberblech bedeckt. Man sagt von diesem Bildnis, daß es San Fernando bei seinen Feldzügen begleitet und dann den festlichen Zeremonien beigewohnt hat, als die große Moschee zur christlichen Kathedrale geweiht wurde (Weihnachten 1248). Das Silberwerk wird Sancho Muñoz (1366) zugeschrieben.

Der Tabernakel. Auf dem Altartisch steht das Allerheiligste aus ziseliertem, vergoldetem Silber, verziert mit Säulen, Reliefs und kleinen Figuren, sowie zwei enorme Buchständer, ebenfalls aus Silber (Francisco de Alfaro, 1593-1596). Im oberen Presbyterium befinden sich zwei Skulpturen, *San Isidoro und San Leandro.* Gesichter und Hände sind aus bemaltem Holz und ihre Gewandung ist mit edelsteinbestücktem Silberblech verkleidet (1741). Sie gehören zum Silberaltar. Hier finden wir auch ein bemerkenswertes Pult in Form eines knienden Engels, aus vergoldetem und bemaltem Holz (Francisco A. Girón,

Der Überlieferung nach ist sie ein Geschenk Fernandos III.. Es ist jedoch wahrscheinlicher, daß sein Sohn, Alfonso X., der Weise, diese bemalte Figur aus Zypressenholz, die Hauptfigur des Hochaltars der Kathedrale von Sevilla, Künstlern aus Burgos in Auftrag gab. Die Verkleidung aus getriebener Silberarbeit wurde im XIV. Jh. hinzugefügt.

Glöckchen im Chorgitter.

Madonna auf dem Chorpult.

XVII. Jh.). Er trägt auf seinem Rücken das spezielle Chorbuch, das an Gründonnerstag und Fronleichnam benutzt wird. Im unteren Presbyterium stehen die gewaltigen Silberleuchter, *Vizarrones* genannt, da sie ein Geschenk des Erzbischofs und Vizekönigs von Mexiko, D. Juan Antonio Vizarrón, waren (1744).

Licht fällt in das untere Presbyterium durch die beiden Fenster: *Marientod* (49) und *Verklärung* (50) (Jean Jacques, 1511-1518).

Zwischen Chor und Altarraum. Über diesem Bereich sind vier Drillingsfenster zu sehen. Zwei stammen von A. de Vergara: *Mariä Tempelgang, Mariä Verkündigung* und *Mariä Heimsuchung* (51) (1525) und *Auf der Suche nach dem Kinde, Der Zwölfjährige im Tempel* und *Finden des Kindes* (52) (1526); die anderen sind modern (1913).

Chor. Er befindet sich unter dem vierten und dem fünften Gewölbejoch im Langschiff in der Nähe des Altarraumes. Mauerwerk mit Quadersteinen schließt ihn von drei Seiten her ein; die vierte ist mit einem wunderbaren vergoldeten Schmiedeeisen-Gitter in platereskem Stil versehen, mit dem Thema *Der Baum Jesse*. Von dem gestreckten Stamm her keimen Zweige, die in Jesus enden. Es erzählt uns von der Menschenfreundlichkeit Jesu. Seitlich sind Medaillons mit vier Aposteln angebracht (Francisco de Salamanca, 1518-1523). Der Chorraum mißt 20 x 14m, und das Gestühl im gotischen Mudejarstil aus noblen Hölzern ist ein Juwel unter seinesgleichen, mit 117 Sitzen – 67 in der oberen Reihe und 50 in der unteren. Das untere Gestühl zeigt auf den Rückenlehnen in Intarsienarbeit die Abbildung der ehemaligen Giralda. An den Kopfstützen finden wir Reliefszenen aus der Bibel und auf den Miserikordien (Gesäßstütze an der Unterseite der hochgeklappten Sitze), monstruöse Darstellungen von Lastern und Sünden. Ähnlich gearbeitet ist das obere Gestühl. Jedoch streben dort über den Sitzen von 114 Holzstatuetten gehaltene Bogen nach oben, auf welche sich seinerseits, mit 72 kleinen Figuren, ein Baldachin aus filigranem Schnitzwerk stützt. Der Sitz und die Kniebank des Erzbischofs sowie die seiner Konzelebranten sind ganz besonders ausgearbeitet. Man schreibt sie Meister Guillén zu, der auch die Portale der Hauptsakristei geschaffen hat (1548). Auf dem Prachtsitz des Königs – zweiter auf der linken Seite, zum Altar blickend – finden wir die Wappen von Kastilien und León in Holzeinlegearbeit und die Inschrift: „Es schuf diesen Chor Nufro Sánchez, Schnitzer, den Gott selig habe. Vollendet im Jahre 1478". Beendet wurde das Werk jedoch von Pyeter Dancart.

Chorpult. Ein gewaltiges Pult aus Holz und Bronze, mit vier Auflageflächen, das für die ebenfalls übergroßen Chorbücher verwendet wurde. Auf einem runden Fuß ist es drehbar und geschmückt mit Medaillons, auf denen Figuren abgebildet sind, die mit der Musik zu tun haben (Juan Marin, Juan Bautista Vázquez el Viejo und Francisco Hernández, Bildhauer; Bartolomé Morel, Gießer, 1562-1565). Es endet oben in einem Tempelchen mit dem Bildnis Mariens, einem Kruzifix und den Evangelisten (Bautista Vázquez).Trotz seiner gigantischen Ausmaße läßt dieses wertvolle Kunstwerk Feinfühligkeit im Entwurf und der Ausführung erkennen.

Orgeln. Ein der Musik und den Musikern, die zum Glanz der Kathedrale beigetragen haben, gesetztes Denkmal. Wir erinnern an die Meister Guerrero (1549-1599), Antonio de Ripa (1768-1795), Hilarión Eslava (1830-1847) und Eduardo Torres (1910-1934) unter anderen. 1724 wurde mit dem Bau dieser Orgeln begonnen, und seitdem wurde das Orgelwerk verschiedene Male

Orgel *auf der Epistelseite.*

Hl. Josef *im Chorgestühl.*

modernisiert. Es handelt sich um zwei doppelseitige Orgeln auf einem einzigen Träger. Der äußere Teil, Gehäuse und Simswerk, stammt von Luis de Vilches (1724-1741), die Skulpturen von Duque Cornejo. Die Orgeln und ihre Musik lassen an jene köstlichen Momente denken, wenn die „Seises" (Chorknaben) tanzen, eine jahrhundertealte Tradition, die nur in dieser Kathedrale erhalten

Oben: Genueser Maria. *Rechte Seite: Orgelansicht von der Epistelseite her.*

Madonna mit dem Stern.

blieb. An den acht auf die Kirchenfeste der Unbefleckten Empfängnis und Fronleichnam folgenden Tagen tanzen hier um halb sechs Uhr nachmittags zu Kastagnettenklang zehn als Pagen gekleidete Knaben vor dem Allerheiligsten. Während die Vergangenheit in ihrer Musik und ihren Tänzen auflebt, beruhigt sich der Geist und erhebt sich das Herz.

Von den vier Obergaden her blicken auf den Chor vier Fenster: *Figuren aus dem Alten Testament* (53) (A. de Vergara, 1535); *Könige und bekannte Figuren aus Israel* (54) (E. Alemán, 1478-1483); die *Hauptpropheten* (55) (Zettler, 1908).

Portiken. Zu beiden Seiten des Chors gehen elegant gearbeitete Portiken aus buntem Marmor (Diego Antonio Diaz, 1725) in die Alabaster-Kapellen über, die ihren Namen dem Baumaterial verdanken:

Seitenkapellen.

– Auf der Epistelseite befinden sich die 1518 von Juan Gil de Hontañón geschaffenen Kapellen:

Kapelle der Unbefleckten Empfängnis. Ein kleiner Raum mit Meisterwerken von Montañés: Die *Cieguecita* (Kleine Blinde), eine still in sich gekehrte junge Maria lädt zum Beten ein. Ihre niedergeschlagenen Augen gaben ihr den volkstümlichen Beinamen. Daneben stehen ein außergewöhnlich perfekt gearbeiteter *Johannes der Täufer als Kind* und der *hl. Gregor*. Von Montañés stammen auch die Reliefs der *hll. Josef, Joachim, Hieronymus und Franziskus*. Francisco Pacheco schuf die *Stifterporträts* und bemalte die Figuren (1628-1631). Das Gitter der Kapelle ist aus dem XVII. Jh.

Genueser Maria. Zwischen dieser und der nächsten Kapelle befindet sich diese Marienfigur (73cm), ein italienisches Werk aus bemaltem Alabaster. Sie gehörte einer ehemaligen Bruderschaft von Genuesern, die sich in Sevilla niedergelassen hatten (XIV. Jh.)

Kapelle „de la Encarnación". Aus der Montañés-Schule stammt die *Verkündigung* in der Mitte sowie die halben Figuren, *Johannes der Täufer, Johannes der Evangelist, Santo Domingo, der hl. Franziskus und der hl. Antonius*. Ganz oben sehen wir ein Relief des *Himmlischen Vaters* (1630-1635). Das barocke Gitter erinnert an die Schutzheiligen.

Retrochor. Bezeichnend für diese Kathedrale sind die Weite – ein Drittel ihrer Gesamtlänge – und Helligkeit in diesem Bereich mit Licht aus den Fenstern des Hauptschiffes, der Nebenschiffe und der Kapellen. Sein 8m hoher Altar erstreckt sich über die gesamte Breite des Hauptschiffes. Die elegante Konzeption, verschiedenfarbige Jaspissteine, Bronzen, Skulpturen und Gemälde tragen dazu bei, eines der ältesten und schönsten Marienbilder dieser Kirche, das Tafelgemälde *Virgen de los Remedios* mit einem heiliggesprochenen Bischof und einem kniender Kleriker (XIV. Jh.), ins richtige Licht zu setzen. Darunter befindet sich eine Bronzearbeit von Francisco Pacheco: *Übergabe Sevillas an San Fernando* (1633). Auf den Seiten, vier Reliefs mit Themen aus der Eucharistie, und über den Durchgangstüren, Büsten der *hll. Justa und Rufina*; ganz oben, Figuren mit einem Kind in der Mitte (XVI. Jh.), entworfen von Miguel de Zumárraga und vollendet von Pedro Sánchez Falconete zwischen 1620 und 1635.

Oben: Retrochor. Rechte Seite: Ansicht vom Retrochor aus: Bögen, Galerien und Glasfenster im Hauptschiff.

Der extravagante manieristische Altaraufbau des Retrochors, voller Marmor, Jaspis und Bronze, entstand im ersten Drittel des XVII. Jh.. Dort befindet sich die Grabplatte Hernando Colóns, Sohn des Admirals Chr. Kolumbus und großer Büchersammler.

– Die Kapellen auf der Evangelienseite stammen von Gil de Hontañón und Diego de Riaño, 1523-1532:

Kapelle der Madonna mit dem Stern. Ein wunderbares Bildnis, das dem französischen Künstler Nicolas de Leon (1530; Bemalung aus dem XVIII. Jh.) zugeschrieben wird. Zu ihren Seiten stehen der *hl. Joachim* und die *hl. Anna*. Hernán Ruiz entwarf das einer Stickerei aus Eisen gleichende Gitter (1568).

St.-Gregor-Kapelle. In der Mitte steht die bemalte Holzfigur des Titelheiligen. Auf dem Buch, das er in der Hand hält, ist der Namenszug des Künstlers, Manuel García de Santiago (XVIII. Jh.), zu erkennen. Die platereske Ornamentik und das Gitter stammen aus dem Jahr 1650.

„Dies ist das Haus, das Gott für die Menschen errichtet hat, und Gott selbst wird bei ihnen wohnen." (Apc. 21,3).

DIESES VON ALDEASA VERÖFFENTLICHTE WERK WURDE
AM 16.JUNI 1999 DURCH ESTUDIOS GRÁFICOS EUROPEOS,
IN MADRID, FERTIGGESTELLT.